五年制高等职业教育公共基础课程改革规划教材

语文

主　审　　李　鸿　　张立山
主　编　　李桂萍　　孙月华　　于俊英　董　君

第一册

山东人民出版社

国家一级出版社 全国百佳图书出版单位

编委会成员名单

主　审　李　鸿　张立山

主　编　李桂萍　孙月华　于俊英　董　君

副主编　刘　丽　谷德林　牟洪明　刘雪莲　李新芳

编　委　杜晓梅　房　立　安　芬

目录

Chapter ONE

第一单元

认识自我

　　在高职学校,虽不像在普通高中那样学习紧张,但学习同样是最重要的事情。学习是获得知识的途径之一,没有知识的积累,就不可能有能力的提高和思维的创新。学习知识包括了方方面面,但是无论学什么,怎么学,最终还是基于自己的认识,因为一个人的认识决定了一个人的行为方式和行为目的。渴望人生成功者,必须认真分析自己的个性,取优去劣,让自己趋近完善。

　　苏联著名作家奥斯特洛夫斯基曾经说过:人的一生应当这样度过,当他回首往事的时候,不因虚度年华而悔恨,也不因碌碌无为而羞愧。

　　希望同学们在新的学期,新的校园,在课堂学习中,在与同学老师的交往中,在自己的观察与思考中,正确认识自我,树立积极向上的思想观念,形成适合自己未来发展的正确认识,并为此付诸行动,为将来立足社会打好基础,也为未来开创自己的一方天地创造条件。

我很重要 | 毕淑敏

◎ 小试牛刀 ✎

成语接龙

请模仿以下形式进行成语接龙。

例如：漫不经心→心花怒放→放任自流→流水桃花→花甲之年→年少无知……

车水马龙：

日理万机：

山明水秀：

◎ 开心一刻 🍬

毕淑敏论俭省

无论世界变得如何奢华，我还是喜欢俭省。这已经变得和金钱没有很密切的关系，只是一个习惯。我这样说，实在是因为俭省的机会其实很廉价，俯拾即是遍地滋生。比如不论牙膏管子多么丰满，但你只能在牙刷毛上挤出 1.5 到 2 厘米的膏条，而不是 1 尺长。因为你用不了那么多，你不能把自己的嘴巴变成螃蟹聚会的洞穴。再比如，无论你坐拥多少橱柜的衣服，当暑气蒸人的时候，你只能穿一件纯棉的 T 恤衫。如果把貂皮大衣捂在身上，轻者长满红肿热痛的痱毒，重了就会中暑倒地一命呜呼。俭省比奢华要容易得多，是偷懒人的好伴侣——用最直截了当的方式和最小的花费直抵目标。

你如何看待生活中节俭和奢华的现象？

3

◎ 选 文

当我说出"我很重要"这句话的时候，颈项后面掠过一阵战栗。我知道这是把自己的额头裸露在弓箭之下了，心灵极容易被别人的批判洞伤。

许多年来，没有人敢在光天化日下表示自己"很重要"。我们从小受到的教育都是——"我不重要"。

作为一名普通士兵，与辉煌的胜利相比，我不重要。

作为一个单薄的个体，与浑厚的集体相比，我不重要。

作为一位奉献型的女性，与整个家庭相比，我不重要。

作为随处可见的人的一分子，与宝贵的物质相比，我们不重要。

我们——简明扼要地说，就是每一个单独的"我"——到底重要还是不重要？

我是由无数星辰日月草木山川的精华汇聚而成的。只要计算一下我们一生吃进去多少谷物，饮下了多少清水，才凝聚成这具美好的躯体，我们一定会为那数字的庞大而惊讶。平日里，我们尚要珍惜一粒米、一叶菜，难道可以对亿万粒菽粟①亿万滴甘露濡养的万物之灵，掉以丝毫的轻心吗？

当我在博物馆里看到北京猿人窄小的额和前凸的吻时，我为人类原始时期的粗糙而黯然。他们精心打制出的石器，用今天的目光看来不过是极简单的玩具。如今很幼小的孩童，就能熟练地操纵语言，我们才意识到人类已经在进化之路上前进了多远。我们的头颅就是一部历史，无数祖先进步的痕迹储存于脑海深处。我们是一株亿万年苍老树干上最新萌发的绿叶，不单属于自身，更属于土地。人类的精神之火，是连绵不断的链条，作为精致的一环，我们否认了自身的重要，就是推卸了一种神圣的承诺。

回溯我们诞生的过程，两组先命基因的嵌合，更是充满了人所不能把握的偶然性。我们每一个个体，都是机遇的产物。

常常遥想，如果是另一个男人和另一个女人，就绝不会有今天的我……

即使是这一个男人和这一个女人，如果换了一个时辰相爱，也不会有此刻的我……

即使是这一个男人和这一个女人在这一个时辰，由于一片小小落叶或是清脆鸟啼的打搅，依然可能不会有如此的我……

一种令人怅然以至走入恐惧的想象，像雾霭一般不可避免地缓缓升起，模糊了我们的来路和去处，令人不得不断然打住思绪。

我们的生命,端坐于概率垒就的金字塔的顶端。面对大自然的鬼斧神工,我们还有权利和资格说我不重要吗?

对于我们的父母,我们永远是不可重复的孤本。无论他们有多少儿女,我们都是独特的一个。

假如我不存在了,他们就空留一份慈爱,在风中蛛丝般无法附丽地飘荡。

假如我生了病,他们的心就会皱缩成石块,无数次向上苍祈祷我的康复,甚至愿灾痛以十倍的烈度降临于他们自身,以换取我的平安。

我的每一滴成功,都如同经过放大镜,进入他们的瞳孔,摄入他们的心底。

假如我们先他们而去,他们的白发会从日出垂到日暮,他们的泪水会使太平洋为之涨潮。

面对这无法承载的亲情,我们还敢说我不重要吗?

我们的记忆,同自己的伴侣紧密地缠绕在一处,像两种混淆于一碟的颜色,已无法分开。你原先是黄,我原先是蓝,我们共同的颜色是绿,绿得生机勃勃,绿得苍翠欲滴。失去了妻子的男人,胸口就缺少了生死攸关的肋骨,心房裸露着,随着每一阵轻风滴血。失去了丈夫的女人,就是齐斩斩折断的琴弦,每一根都在雨夜长久地自鸣……

面对相濡以沫的同道,我们忍心说我不重要吗?

俯对我们的孩童,我们是至高至尊的唯一。我们是他们最初的宇宙,我们是深不可测的海洋。假如我们隐去,孩子就永失淳厚无双的血缘之爱,天倾西北,地陷东南,万劫不复。盘子破裂可以粘起,童年碎了,永不复原。伤口流血了,没有母亲的手为他包扎。面临抉择,没有父亲的智慧为他谋略……面对后代,我们有胆量说我不重要吗?

与朋友相处,多年的相知,使我们仅凭一个微蹙的眉尖、一次睫毛的抖动,就可以明了对方的心情,假如我不在了,就像计算机丢失了一份不曾复制的文件,他的记忆库里留下不可填补的黑洞。夜深人静时,手指在揿②了几个电话键码后,骤然停住,那一串数字再也用不着默诵了。逢年过节时,他写下一沓沓的贺卡。轮到我的地址时,他闭上眼睛……许久之后,他将一张没有地址只有姓名的贺卡填好,在无人的风口将它焚化。

相交多年的密友,就如同沙漠中的古陶,摔碎一件就少一件,再也找不到一模一样的成品。面对这般友情,我们还好意思说我不重要吗?

我很重要。

我对于我的工作我的事业,是不可或缺的主宰。我的独出心裁的创意,像鸽群一般在天空翱翔,只有我才捉得住它们的羽毛。我的设想像珍珠一般散落在海滩上,等待着我把它用金线串起。我的意志向前延伸,直到地平线消失的远方……

没有人能替代我,就像我不能替代别人。

我很重要。

我对自己小声说。我还不习惯嘹亮地宣布这一主张,我们在不重要中生活得太久了。

我很重要。

我重复了一遍。声音放大了一点。我听到自己的心脏在这种呼唤中猛烈地跳动。

我很重要。

我终于大声地对世界这样宣布。片刻之后,我听到山岳和江海传来回声。

是的,我很重要。我们每一个人都应该有勇气这样说。我们的地位可能很卑微,我们的身份可能很渺小,但这丝毫不意味着我们不重要。

重要并不是伟大的同义词,它是心灵对生命的允诺。

对于一株新生的树苗,每一片叶子都很重要,对于一个孕育中的胚胎,每一段染色体碎片都很重要。甚至驰骋寰宇③的航天飞机,也可以因为一个油封橡皮圈的疏漏而凌空爆炸,你能说它不重要吗?

人们常常从成就事业的角度,断定我们是否重要。但我要说,只要我们在时刻努力着,为光明在奋斗着,我们就在无比重要地生活着。

让我们昂起头,对着我们这颗美丽的星球上无数的生灵,响亮地宣布——

我很重要!

(选自《我很重要:毕淑敏哲理散文精选》,时代文艺出版社 2006 年版)

注 释

①菽粟(shū sù):豆和小米。泛指粮食。

②撳(qìn):用手按。

③寰(huán)宇:指整个宇宙、整个天下。

学习活动

一、填一填

毕淑敏,1952 年出生于新疆伊宁,山东文登人,国家一级作家。从事医学工作 20

年后的她专注于写作,很多作品都和医学有关,代表作品有(《　　　　　》)
(《　　　　　　》)等。

二、想一想

1. 本文题目是"我很重要",可作者一开始为什么用排比句式连续地说"我不重要"?

2. 作者认为"我很重要"的依据是什么? 请列点概述。

3. 在我们的身边,有一些人认为"我很重要"就是"以我为中心",一切从"我"出发。你认为课文中所说的"我很重要"与这些人的"我很重要"一样吗? 为什么?

4. 找出文中运用排比、反问、比喻、夸张的地方,体会善用修辞的妙处。

三、说一说

你认为自己很重要吗? 说说理由。

四、写一写

对轻视生命、想结束自己生命的人写一段话。

五、读一读

阅读《你真有那么重要吗?》节选,与《我很重要》作主题方面的比较。

你真有那么重要吗?（节选）

李炳青

那天,被电台临时抓去做直播节目。一回家我就跟先生唠叨,因没有时间准备,讲得没有条理,感冒又把声音弄得沙哑,还有几个地方竟然前言不搭后语……夜里,竟因此辗转反侧难以入睡……终于,先生发话了:好了,别折腾了。首先,这个世界是容错的,没有哪个人能把每件事都处理得天衣无缝,他们电台最大的腕儿也做不到。再说了,你哪有那么重要? 你以为你是谁,美国总统啊! 你想,每天有那么多档的节目和大家的手机电话一起在空中飘着,有多少人能从那么多的声音中听出你沙哑,又有多少人是在专门盯着听你有几个地方是前言不搭后语。除了你自己,没有人……我用被子蒙了头偷笑起来,并想起了一件有趣的往事——

那时候,父亲在一个镇上当领导,母亲在那个镇上教小学。为迎接一个参观团,父亲作为主要领导出面接待,母亲带着她的学生夹道欢迎。参观团到了,父亲西服革履、满面笑容走在最前面……可人群里的母亲突然发现,父亲的腰带不知为什么没有弄好,在衣服里支棱着,像别了一把盒子枪,无论母亲怎么做手势、递眼神,父亲都没有反应,直窘得母亲恨不得找个地缝钻进去……一回家,就冲父亲嚷嚷上了:你怎么就那么不仔细啊,真跟你丢不起这个人!父亲宽慰她说:"不会有谁会对我的那点儿疏忽像你那样上心。不信你可以去做个调查,看看有谁注意到我的'盒子枪'!"

由此来关照我们生活中常常碰到的诸如:说了不得体的话、被什么人误会、遭遇了什么尴尬……都大可不必耿耿于怀,更不必恨不能揪住所有的人做解释,因为事情一旦过去,没有什么人还有那种耐心去理会曾经的一句烂闲话、一个小疏忽……如果我们常这样问问自己:别人的一次失误或尴尬,真的会总在你的心头挥之不去让你时时惦念?你对别人的衣食住行的关心,是不是超过了对你自己的衣食住行的关心?或者干脆透彻些——你真有自己认为的那么重要吗?

最终,你会明白,你的不堪与烦恼,往往不过是杯弓蛇影的自恋和自虐而已。

记得很早的时候看过一部书,叫《外星球文明的探索》。它不光明确地告诉你宇宙的大和无限——在太阳系外有银河系,银河系外有更大的河外星系……还提供了很多设想:人类有朝一日会实现星际旅游的梦,到月亮上度假,到木星、火星上盖别墅……更重要的是,它提醒人们设想假如外星球有文明——有比人类更高智能的生命!这个提醒曾让我想了很多问题:想想看,如果真的有比人类高级的生命存在的话,人还会这么自大吗?就像如果一个蚂蚁也有意识、会想问题的话,它肯定觉得自己不值一提,"这地球上还有人呢!人能造飞机、造宇宙飞船,我们蚂蚁一辈子只能把那点东西搬来搬去。我们眼里的高山,其实就是人眼里一个小土坷垃,我们弄点儿什么蟑螂腿、馒头渣,就当美味佳肴!在人类眼里,那是垃圾。"同样的道理,如果宇宙中有更高智能的生命的话,我们人类就是蚂蚁。我们盖的摩天大楼,在他们眼里,不过是块土坷垃;造个宇宙飞船,也不过就是攒了几只蟑螂腿而已。

后来,这本书就成了我的心灵鸡汤,每逢自己因被辜负、被忽略、被轻视、被冷落,而感到愤愤不平的时候,就把它拿出来翻翻。一下子,你就被带入了一个无边无垠的世界,地球、太阳、银河系在那里面都小得几如尘埃,你住的这幢楼,你的那点儿麻烦,和你过不去的那个对手,惹你不痛快的那所有的一切,用高倍显微镜去端详也难以找着了。大家最熟悉不过的一句老话是:没有了谁,这地球都照常转。可这本书给我们的提醒是:就算没有了地球,宇宙也会照常运行。

(选自《读者》2004 年第 10 期)

对自己的人生负责 | 周国平

◎ 小试牛刀

猜 谜

某客店接待三位客商,客店主人笑嘻嘻地询问这三位客人是卖什么的。一位瘦大爷说:"我的货,远看像座山,近看不是山,上边水直流,下边有人走。"店主听了满意地点点头:"欢迎,欢迎。"另一位胖客商随后答话:"我的货是,又扁又圆肚子空,有面镜子在当中,人们用它要低头,摸脸搓手又鞠躬。"店主人会意,热情地说:"请进!请进!"最后一位女客商说:"我卖的是,铁打一只船,不推不动弹,开船就起雾,船过水就干。"店主人听了三人的话,已经知道了他们各卖什么货。

你知道他们卖的是什么货吗?请分别从下面的答案栏中选出来,再说一说,你为什么选这个答案。

大碗　　脸盆　　玩具　　轮船　　伞　　熨斗　　馍馍

◎ 开心一刻

儿子妻子应该先救哪个?

周国平先生讲过这样一个故事:

一个农民从洪水中救起了他的妻子,他的孩子却被淹死了。事后,人们议论纷纷。有人说他做得对,因为孩子可以再生一个,妻子却不能死而复活。有人说他做错了,因为妻子可以另娶一个,孩子却没法儿死而复活。

哲学家听说了这个故事,也感到疑惑难决,就去问农民。农民告诉他,他救人时什么也没去想。洪水袭来,妻子在他身边,他抓起妻子就往山坡游。待返回时,孩子已被洪水冲走了。读到这个故事时,我被这个农民打动了,从内心深处佩服这个农民。这个农民如果进行一番抉择的话,事情的结果会是怎样呢?洪水袭来了,妻子和孩子被卷进漩涡,片刻之间就要没了性命。而这个农民还在山坡上进行抉择,救妻子重要呢,还是救孩子重要?

我想,也许等不到农民继续往下想救妻子及救孩子的利弊,洪水就把他的妻儿都冲走了。在人生当中,有许多时候,我们并没有机会和时间进行抉择。有人总喜欢在做一件事情之前再三权衡利弊,犹犹豫豫,举棋不定。结果,待到想好了去做的时候,早已时过境迁,机会已经没有了。把手头的机会抓住,这是至关重要的。最靠近你的机会,就是最重要的和最迫切的。把手头的机会抓住了,就等于把一切机会都抓住了。因为,过去的机会已不复存在,而未来的机会总是要一步一步才逼近你身边的。没有到来之前,你纵然绞尽脑汁,也是徒劳枉然。

人生的抉择是最困难的,也是最简单的。困难在于你总是把抉择当作抉择。简单在于你别去考虑抉择问题,只是动手去做。人生的抉择,一直困扰着无数的文化人。可笑的是,这个没文化的农民,可以做我们这些文化人的导师。

"妈妈和媳妇掉到水里,儿子应该先救哪个?"你认为对这个问题最智慧的回答是什么?

◎ 选文

我们活在世上,不免要承担各种责任,小至对家庭、亲戚、朋友,对自己的职务,大至对国家和社会。这些责任多半是应该承担的。不过,我们不要忘记,除此之外,我们还有一项根本的责任,便是对自己的人生负责。

每个人在世上都只有活一次的机会,没有任何人能够代替他重新活一次。如果这唯一的一次人生虚度了,也没有任何人能够真正安慰他。认识到这一点,我们对自己的人生怎么能不产生强烈的责任心呢?在某种意义上,人世间各种其他的责任都是可以分担和转让的,唯有对自己的人生的责任,都只能完全由每个人自己来承担,一丝一毫依靠不了别人。

不止于此,我还要说,对自己的人生的责任心是其余一切责任心的根源。一个人唯有对自己的人生负责,建立了真正属于自己的人生目标和生活信念,他才能由之出发,自觉地选择和承担起对他人和社会的责任。正如歌德所说:"责任就是对自己要求去做的事情有一种爱。"因为这种爱,所以尽责本身就成了生命意义的一种实现,就能从中获得心灵的满足。相反,我不能想象,一个不爱人生的人怎么会爱他人和爱事业,一个在人生中随波逐流的人怎么会坚定地负起生活中的责任。实际情况往往是,这样的人把尽责不是看做从外面加给他的负担而勉强承受,便是看做纯粹的付出而索求回报。

一个不知对自己的人生负有什么责任的人,甚至无法弄清他在世界上的责任是什么。有一位小姐向托尔斯泰请教,为了尽到对人类的责任,她应该做些什么。托尔斯泰听了非常反感,因此想到:人们为之受苦的巨大灾难就在于没有自己的信念,却要做出按照某种信念生活的样子。当然,这样的信念只能是空洞的。这是一种情况。更常见的情况是,许多人对责任的关心确实是完全被动的,他们之所以把一些做法视为自己的责任,不是出于自觉的选择,而是由于习惯、时尚、舆论等原因。譬如说,有的人把偶然却又长期的某一职业当做自己的责任,从不尝试去拥有真正适合自己本性的事业。有的人看见别人发财和挥霍,便觉得自己也有责任拼命挣钱花钱。有的人十分看重别人尤其上司对自己的评价,谨小慎微地为这种批评而活着。由于他们不曾认真地想过自己的人生使命究竟是什么,在责任问题上也就必然是盲目的了。

所以,我们活在世上,必须知道自己究竟想要什么。一个人认清了他在这世界上要做的事情,并且在认真地做着这些事情,他就会获得一种内在的平静和充实。他知道自己的责任之所在,因而关于责任的种种虚假观念都不能使他动摇了。我还相信,如果一个人能对自己的人生负责,那么,在包括婚姻和家庭在内的一切社会关系上,他对自己的行为都会有一种负责的态度。如果一个社会是由这样对自己的人生负责的成员组成,这个社会就必定是高质量的有效率的社会。

(选自《内在的从容》,浙江文艺出版社 2013 年版)

◎ **学习活动**

一、填一填

周国平,1945 年生于上海,是当代著名学者、哲学家、作家。主要代表作有散文集《守望的距离》《各自的朝圣路》,纪实作品(《　　　　　》)《岁月与性情——我的心灵自传》《偶尔远行》等。

二、想一想

1. 作者通过本文要表达一种什么观点?

2. 结合文章说明为什么说对自己的人生负责是一种"根本的责任"?

3. 你如何理解文章中"一个人认清了他在这世界上要做的事情,并且在认真地做着这些事情,他就会获得一种内在的平静和充实"这句话?

4. 阅读下面的材料,结合文章谈谈你的认识。

我国 9000 万网民中 82% 为青少年,其中未成年网民就有 1650 万。而这 1650 万未成年人中的 14.8%,也就是说有近 245 万未成年人不仅爱上网,而且着迷上瘾,难以自拔。

三、说一说

1. 歌德说:"责任就是对自己要求去做的事情有一种爱。"请同学们谈谈对这句话的理解。

2. "一个不知对自己的人生负有什么责任的人,甚至无法弄清他在世界上的责任是什么。"那么,你是否清楚对自己的人生应该负有什么样的责任?

四、写一写

写一下你做过的感觉有责任感的一件事,要求 300 字左右。

五、读一读

阅读下文,与正文作主题方面的比较。

对自己的人生负责

张廷春

人活在世上,可以变换不同的角色,也相应承担着不同的责任。上对国家社会,下对亲朋同事,都承担着不同的责任。不过,切切不可忘记我们还有一项根本的责任:要对自己的人生负责。

希望成功,追求幸福,是人生的理想和责任。但人生在世比成功幸福更重要的是做人,是不论成功与失败,幸福与不幸都保持做人的尊严。因此,我们也切切不可忘记人生的头等大事:要对自己的人生负责。

生命对于每个人都只有一次,自己人生的责任,没有任何人可以替而代之。人世间社会关系的各种责任,在特定情形下,是可以转让、替代、分担的。唯有对自己的人生负责,每个人都必须而且只能完全由自己来承担。一个人如果将这唯一的一次人生虚度了，绝无机会重新选择一次。明乎此，我们对自己的人生怎能不怀有强烈的责任感呢！

然而，现实告诉我，许多人不知道自己人生要负的责任，活了一辈子，也没有弄清楚自己在世上的责任是什么。很多人对责任关系的确定完全是被动的，在他们眼中视之为自己责任的一些做法，不是出于自觉的选择，而是迫于本能、习惯、时尚、他人、舆论或是偶然因素等原因。我们只要环顾四周，在你的朋友、同事或邻居中，就可以发现有的人做事，仅仅是为了生存、为了"混口饭吃"；有的人活着，纯粹以金钱权位定义自己的人生；有的人把因偶然因素而长期从事的某种职业，当做了自己的责任，从不尝试去拥有真正适合自己兴趣、性格的事业；有的人一辈子琢磨的就是"身边几个人"，十分看重别人尤其是上司对自己的评价，谨小慎微地为这种评价而活着；有的人甚至以同事、邻居的看法来决定自己的幸福。我的一位朋友起初执意卖掉旧房子，搬入高档住宅区，以为与富人在一起，自己的身价地位也高了。孰不知住了一段时间之后，良好的自我感觉没了，引发的却是嫉妒心理和失望情绪，被富有邻居包围着感觉并不幸福。可见，一个不知对自己人生负有什么责任的人，他自己的人生必定是放任自流、浑浑噩噩的；一个不曾思考自己人生使命的人，在责任问题上必然是错位、模糊和盲目的。

其实，中国自古推崇良心、责任、气节、操守，提倡做人立世，要对自己的人生负责。古人讲"修身、齐家、治国、平天下"，就把修身做人摆在人生第一位。再如"太上有三不朽"——立德、立功、立言，也把做人看成是人生的根本大事。作为中华民族社会良心、智慧化身的知识分子，历来就有忧国忧民、刚健自强、不屈不挠、经世治国的优良品质。孔子誉之为"士志于道"。历史上从曾参的"士不可以不弘毅"，到李膺的"欲以天下名教是非为己任"；从陈蕃的"澄清天下之志"，到顾炎武的"天下兴亡，匹夫有责"，都可以看到那种"为天地立心，为生民立命，为往圣继绝学，为万世开太平"的风骨精神和人格力量，其对国家民族和对自己人生负责的精神脉络清晰可见，且历千年而不绝。

这些铁肩担道义的"民族脊梁"，令人肃然起敬。但我们明白，救世和改造社会是符合社会实际，需要具备一定条件的，不是人人皆能为之。我们是平庸之辈，对自己的人生负责可以旨在自救和个人完善，这无须任何社会条件，只要你思考自己的人生使命，建立起真正属于自己的人生目标和生活信念，就能由此出发自觉选择并承担对社会和他人的责任。相反，我不能想象，一个没有责任心，对人生随波逐流、稀里糊涂的人怎么会爱人生、爱生活、爱他人、爱事业呢？怎么会在日常生活中坚定地负起责任呢？这种人，往往把尽责看作是纯粹的付出而事事索求回报，他们甚至为别人而活着，太在乎自己"身边几个人"的看法评价，而消磨了自己的一生。

人活世上除了吃饭睡觉，不外乎做事和与人交往，它们构成了生活的主要内容。如果事业兴旺、家庭和睦、婚姻美满、朋友众多，那么可以说你在社会上是成功的，生活是幸福的。这是看得见摸得着的。其实还有一种看不见摸不着的东西，这就是蕴涵在两者之间，比做事和交际更重要的东西——做人。透过做事和交际，体现出来的是一种做人的总体方式和态度。因此，最重要的不是你在周围人心目中占据什么位置，不是你做了多大的学问、事业或生意，也不是你和谁在一起过日子，而是你自己究竟是个什么样的人。

做人之所以是人生头等大事，这是因为做事和交际是否顺利，包括地位、财产、名声方面的际遇，也包括爱情、婚姻、家庭方面的际遇，往往受制于外在、偶然的因素，非自己所能把握和支配，所以不应该成为人生的主要目标。一个人真正能选择和把握的唯有对这一切外在际遇的人生态度。因此，假如你明了究竟自己要做什么样的人，懂得了对自己的人生负责，你就有了正确坚定的生活态度，不论成功与否、幸福与不幸，都可以乐不忘形，悲不失态，保持做人的正直和尊严。简言之，做人比事业交际更为重要，比成功幸福更有价值。不管你在名利和交际上如何春风得意，如果做人失败了，你的人生就在总体上失败了。

我始终认为，对自己人生的责任心，是其他一切责任心的根源和出发点。一个人活在世上知道了自己究竟想要什么，认清了自己在这个世上要做的事情，并且认真地去做，他就获得了一种内在的自觉、充实和安详。他知道了自己的责任之所在，因而种种似是而非的所谓责任、虚假观念都不能使他动摇。我坚信，如果一个人能对自己的人生负责，那么他对包括事业以及婚姻家庭在内的一切社会关系，都有一种负责任的态度；如果一个社会这样的人多了，这个社会一定和谐安康而有效率；如果一个人明了自己的责任，懂得做人是超乎成功幸福之上更有价值的目标，那么，这将使他拥有某种人之永恒的东西，并支撑他度过未来凶吉难卜的岁月。

（选自《读者》2007 年第 6 期）

走，不必回头 | 汪国真

◎ 小试牛刀

把下列左右可以搭配的词语用线条连起来：

1. 充足的　　精力
   充沛的　　时间
   充裕的　　理由

2. 清澈的　　环境
   清脆的　　泉水
   清幽的　　歌声

3. 灵活的　　嗅觉
   灵巧的　　动作
   灵敏的　　双手

4. 恶劣的　　语言
   凶残的　　手段
   恶毒的　　敌人

5. 崇高的　　理想
   高尚的　　品德
   高昂的　　情绪

6. 宝贵的　　友谊
   可贵的　　经验
   珍贵的　　精神

7. 推卸　　经验
   推广　　工作
   推动　　责任

8. 支援　　生活
   支持　　工作
   支撑　　前线

9. 生态　　平息
   心情　　平衡
   风波　　平静

10. 精力　　兴旺
    事业　　盛开
    鲜花　　旺盛

◎ 开心一刻

一段关于错过的故事

　　在一次参加电视节目时，汪国真讲述了他年少时经历的一段美好动人的故事：汪国真年轻时参加了课余美术班，报名那天，他遇到了一个美丽而温柔的女孩，当

15

时他就想,如果能同这个女孩分到一个班就好了,而结果真的是心想事成,他与这个女孩分到了一个班。

这个女孩是如此让他心动,但是他们从来都没说过话。有一天,这个女孩没有来上课,他忽然听到女孩的一个朋友说"女孩去男朋友家帮忙了",就这么一句话,让年轻的汪国真顿时感到失望和伤心,此后再也没有去过那个美术班。

可是故事并没有完,六年后的一天,在西直门,当时尚未出名的汪国真再次碰到那个女孩,他情不自禁地叫出了那个女孩的名字,可让他感到意外的是,那个女孩竟然同时叫出了他的名字——"汪国真",汪国真很惊讶,"你还记得我?"

更让汪国真没想到的是,那个女孩说了这样一句话:"你知道,我对你的印象好于你对我的印象。"

在后来两人的交往中,汪国真还得知女孩的妈妈也依然记得"汪国真"!由此可见,女孩常向自己的母亲提起汪国真,这些都是他始料未及的。

在节目最后,主持人汪涵问出了很多人都很好奇的一个问题:请问这个女孩后来成为我们的师母了吗?汪国真只意味深长地说了一句:"凡是美好,都留有遗憾"。

你生活中遇到过美好但留有遗憾的事吗?

◎ 选文

走

不必回头

无需叮咛海浪

要把我们的脚印

尽量保留

走

不必回头

不需嘱咐礁石

让下我们的欢乐

我们的忧愁

走

向着太阳走

让白云告诉后人吧

无论在什么地方

无论在什么时候

我们

从未停止过前进

从未放弃过追求

（选自《汪国真经典代表作》，作家出版社 2010 年版）

◎ 学习活动

一、填一填

汪国真（1956—2015），祖籍福建厦门，当代著名（　　　）、书画家。上个世纪 90 年代，年轻人中曾掀起一股"汪国真热"，其中《嫁给幸福》和《热爱生命》最受追捧。他的许多诗句，成为那个年代年轻人争相摘录的青春励志格言，如"没有比脚更长的路，（　　　　）"，"只要（　　　　），一切，都在意料中"。

二、想一想

1.《走，不必回头》一诗中表达了一种什么样的人生感悟？

2. 有感情地朗诵这首诗，并认真体会汪国真诗的特点。

三、说一说

有感情地朗诵汪国真的《热爱生命》，并谈谈你对这首诗的感想。

热爱生命

汪国真

我不去想，

是否能够成功，

既然选择了远方，

便只顾风雨兼程。

我不去想，

能否赢得爱情,

既然钟情于玫瑰,

就勇敢地吐露真诚。

我不去想,

身后会不会袭来寒风冷雨,

既然目标是地平线,

留给世界的只能是背影。

我不去想,

未来是平坦还是泥泞,

只要热爱生命,

一切,都在意料之中。

四、写一写

结合本诗主题,写一篇 500 字左右的文章,题目为"我的理想"。

五、读一读

课外阅读汪国真的《走向远方》,并与《走,不必回头》作主题方面的比较。

非走不可的弯路 | 张爱玲

◎ 小试牛刀

你知道下面的惯用语是什么吗？根据例句,将下列句子补充完整。

例如:把在团体中起主导作用的人喻为领头羊。

1. 把足智多谋的人喻为(　　　　　)。

2. 把接待宾客的当地主人喻为(　　　　　)。

3. 把公堂台阶下受审的囚犯喻为(　　　　　)。

4. 把吝啬钱财、一毛不拔的人喻为(　　　　　)。

5. 把浑浑噩噩、不明事理的人喻为(　　　　　)。

6. 把世故圆滑的人喻为(　　　　　)。

7. 把没有专业知识的外行人喻为(　　　　　)。

8. 把技艺不精、勉强凑合的人喻为(　　　　　)。

9. 把根本不能实现的幻想喻为(　　　　　)。

10. 把阻碍前进的东西喻为(　　　　　)。

◎ 开心一刻

天才梦（节选）

张爱玲

我是一个古怪的女孩,从小被目为天才,除了发展我的天才外别无生存的目标。然而,当童年的狂想逐渐褪色的时候,我发现我除了天才的梦之外一无所有——所有的只是天才的乖僻缺点。世人原谅瓦格涅的疏狂,可是他们不会原谅我。

加上一点美国式的宣传,也许我会被誉为神童。我三岁时能背诵唐诗。我还记得摇摇摆摆地立在一个满清遗老的藤椅前朗吟"商女不知亡国恨,隔江犹唱后庭花"，眼看着他的泪珠滚下来。七岁时我写了第一部小说，一个家庭悲剧。遇到笔画复杂的字，我常常跑去问厨子怎样写。第二部小说是关于一个失恋自杀的女郎。我母亲批评说：如果她要自杀，她决不会从上海乘火车到西湖去自溺。可是我因为西湖诗意的背景，终于固执地保存了这一点。

在学校里我得到自由发展。我的自信心日益坚强，直到我十六岁时，我母亲从法国回来，将她暌违多年的女儿研究了一下。"我懊悔从前小心看护你的伤寒症，"她告诉我，"我宁愿看你死，不愿看你活着使你自己处处受痛苦。"我发现我不会削苹果，经过艰苦的努力我才学会补袜子。我怕上理发店，怕见客，怕给裁缝试衣裳。许多人尝试过教我织绒线，可是没有一个成功。在一间房里住了两年，问我电铃在哪儿我还茫然。我天天乘黄包车上医院去打针，接连三个月，仍然不认识那条路。总而言之，在现实的社会里，我等于一个废物。我母亲给我两年的时间学习适应环境。她教我煮饭；用肥皂粉洗衣；练习行路的姿势；看人的眼色；点灯后记得拉上窗帘；照镜子研究面部神态；如果没有幽默天才，千万别说笑话。在待人接物的常识方面，我显露惊人的愚笨。我的两年计划是一个失败的试验。除了使我的思想失去均衡外，我母亲的沉痛警告没有给我任何的影响。

你觉得世界上有天才吗？举例说明。

◎ **选 文**

在青春的路口，曾经有那么一条小路若隐若现，召唤着我。

母亲拦住我："那条路走不得。"

我不信。

"我就是从那条路走过来的，你还有什么不信？"

"既然你能从那条路上走过来，我为什么不能？"

"我不想让你走弯路。"

"但是我喜欢，而且我不怕。"

母亲心疼地看着我，好久，然后叹口气："好吧，你这个倔强的孩子，那条路很难走，一路小心。"

上路后，我发现母亲没有骗我，那的确是条弯路，我碰壁、摔跟头，有时候碰得头破血流，但我不停地走，终于走过来了。

坐下来喘息的时候，我看见一个朋友，自然很年轻，正站在我当年的路口，我忍不住喊:"那条路走不得。"

她不信。

"我母亲就是从那条路走过来的,我也是。"

"既然你们都可以从那条路走过来,我为什么不能?"

"我不想让你走同样的弯路。"

"但是我喜欢。"

我看了看她,看了看自己,然后笑了:"一路小心。"

我很感激她,她让我发现自己不再年轻,已经开始扮演"过来人"的角色,同时患有"过来人"常患的"拦路癖"。

在人生的路上,有一条路每个人非走不可,那就是年轻时候的弯路。不摔跟头,不碰壁,不碰个头破血流,怎能炼出钢筋铁骨,怎能长大呢?

(选自《阅读与作文》2004 年第 11 期)

◎ 学习活动

一、填一填

张爱玲(1921—1995),本名张瑛,现代文学史上的重要作家。张爱玲一生创作了大量文学作品,类型包括小说、散文、电影剧本以及文学论著,她的书信也被人们作为其著作的一部分加以研究。其主要作品有《金锁记》《半生缘》(《   》)(《   》)等。晚年从事中国文学评论和(《   》)研究,曾在美国用十年时间细品《红楼梦》。

二、想一想

1. 文中青春路口的那一条小路隐喻着什么?

2. 母亲拦住"我"的理由是什么?用心何在?

3. "但是我喜欢,而且我不怕",除了反映"我"的倔强以外,还表现了"我"的什么个性特点?

4. 母亲的放行与叮嘱,表现出她怎样的教子之法?

5. "我"碰壁,摔跟头,头破血流,"但我不停地走,终于走过来了"。由此,你体会出了什么人生哲理?

6. "我"喘息未定之时,对朋友发出了如母亲对自己一样的奉劝,而"我"也遭到如母亲一般所遭受的同样的拒绝,这说明了什么?

7. 你怎样看待"过来人"常患的"拦路癖"?

三、说一说

1. 当师长对你的某一行为说"不"时,你通常的反应是什么?浅谈理由。

2. 当你因拒绝了师长的引领而碰壁、摔跟头以至头破血流之时,你后悔过自己的率真任性吗?"思痛"之余,有什么感悟?

四、写一写

你在自己的人生道路上走过弯路吗?结合本文写一写弯路给你带来的教训。

五、读一读

如何面对生活中的困难甚至灾难?首先要学会承受,然后奋起。正如著名教育家魏书生说的:"埋怨环境,天昏地暗;改造自我,天高地阔。"请同学们课下查找朗诵北岛的《一切》与舒婷的《这也是一切》,并结合对课文内容的领悟,对两首诗做主题方面的比较。

子路、曾皙、冉有、公西华侍坐 | 《论语》

◎ 小试牛刀

请完成下面的《论语》中的名句填写。

1. 君子坦荡荡,(   )。

2. 岁寒,(   )。

3. 知之者不如好之者,(   )。

4. 不患人之不己知,(   )。

5. 学而不思则罔,(   )。

6. 三人行,必有我师焉:(   )。

7. 默而识之,(   ),何有于我哉?

8. 其身正,(   ),其身不正,(   )。

9. 工欲善其事,(   )。

10. 己所不欲,(   )。

11. 见贤思齐焉,(   )。

12. 三军可夺帅也,(   )。

13. 言必信,(   )。

14. 人无远虑,(   )。

15. 往者不可谏,(   )。

◎ 开心一刻

"丧家之犬"

一次孔子到了郑国与弟子走散,孔子站在城墙东门旁发呆。郑国有人对子贡说:东门边有个人,他的前额像尧,他的脖子像皋陶,他的肩部像子产,不过自腰部以下和大禹差三寸,看他劳累的样子就像一条"丧家之狗"。子贡把这段话一五一十地告诉了孔子,孔子很坦然地笑着说:"把我的外表说成这样,实在是夸过头了。不过说我像条无家可归的狗,确实是这样!确实是这样啊!"

你还了解孔子的哪些故事?

◎ 选文

　　子路、曾皙、冉有、公西华侍坐①。子曰:"以②吾一日长③乎尔,毋吾以也④。居⑤则⑥曰:'不吾知也。'如或⑦知尔,则⑧何以⑨哉?"

　　子路率尔⑩而对⑪曰:"千乘⑫之国,摄⑬乎⑭大国之间,加之以师⑮旅,因⑯之以饥馑;由也为之,比及⑰三年,可使有勇,且知方⑱也。"

　　夫子哂⑲之。

　　"求,尔何如?"

　　对曰:"方⑳六七十,如㉑五六十,求也为之,比及三年,可使足㉒民。如㉓其㉔礼乐,以㉕俟㉖君子。"

　　"赤,尔何如?"

　　对曰:"非曰能㉗之,愿学焉㉘。宗庙之事,如㉙会㉚同㉛,端㉜章甫㉝,愿为小相㉞焉。"

　　"点,尔何如?"

　　鼓㉟瑟㊱希㊲,铿尔,舍㊳瑟而作㊴,对曰:"异乎三子者之撰㊵。"

　　子曰:"何伤㊶乎?亦各言其志也!"曰:"莫春㊷者,春服既㊸成,冠㊹者五六人,童子六七人,浴乎沂,风乎舞雩㊺,咏而归。"

　　夫子喟然㊻叹曰:"吾与㊼点也。"

　　三子者出,曾皙后㊽。曾皙曰:"夫三子者之言何如?"

　　子曰:"亦各言其志也已矣!"

　　曰:"夫子何哂由也?"

　　曰:"为㊾国以㊿礼,其言不让○51,是故哂之。唯求则非邦○52也与?安见方六七十,如五六十而非邦也者?唯赤则非邦也与?宗庙会同,非诸侯而何?赤也为之小,孰能为之大?"

（选自《论语集解》,中华书局1990年版）

注　释

①侍坐：此处指执弟子之礼,侍奉老师而坐。侍,侍奉。

②以：因为。

③长：年长。

④吾：作"以"的宾语,在否定句中代词宾语前置。以:动词,用。

⑤居：平时,平日在家的时候。

⑥则：连词,就。

⑦如或：如果有人。如,连词,如果。或,无定代词,有人。

⑧则：连词,那么,就。

⑨何以：用什么(去实现自己的抱负)。以,动词,用。

⑩率尔：轻率急忙的样子。尔,助词,用作修饰语的词尾。

⑪对：回答。

⑫乘(shèng)：车辆。春秋时,一辆兵车,配甲士3人,步卒72人,称一乘。

⑬摄：夹,箝。

⑭乎：于,在。

⑮师：军队。

⑯因：动词,继,接续,接着。

⑰比(bì)及：等到。

⑱方：义,正道,这里指礼义。

⑲哂(shěn)：微笑。

⑳方：见方,纵横。

㉑如：连词,表选择,或者。

㉒足：使……富足。

㉓如：连词,表提起另一话题,作"至于"讲。

㉔其：那。

㉕以：把。后边省宾语"之"。

㉖俟(sì)：等待。

㉗能：动词,能做到。

㉘焉：之,指管理国家的事情。

㉙如：连词,或者。

㉚会：诸侯之间的盟会。

㉛同：诸侯共同朝见天子。

㉜端：古代的一种礼服。

㉝章甫(fǔ)：古代的一种礼帽。这里都是名词用作动词，意思是"穿着礼服，戴着礼帽"。

㉞相(xiàng)：在祭祀、会盟或朝见天子时主持赞礼和司仪的人。

㉟鼓：弹。

㊱瑟：古乐器。

㊲希：同"稀"，稀疏，这里指鼓瑟的声音已接近尾声。

㊳舍：放下。

㊴作：站起身。

㊵撰(zhuàn)：才能。

㊶伤：妨害。

㊷莫(mù)春：指农历三月。莫，音义同"暮"。

㊸既：副词，已经。

㊹成：稳定，指春服已经穿得住。

㊺冠(guàn)：古时男子二十岁为成年，束发加冠。

㊻舞雩(yú)：台名，是鲁国求雨的坊，在现在曲阜县东。

㊼喟(kuì)然：叹息的样子。

㊽与：动词，赞成，同意。

㊾后：用作动词，走(落)在后面。

㊿为：治理。

51以：介词。靠；用。

52让：谦让。

53邦：国家，这是指国家大事。

◎ 学习活动

一、填一填

《论语》是孔子弟子及后学记录有关孔子言行的著作，共(　　　　)篇。内容涉及政治主张、教育原则、伦理观念、品德修养等，是有关(　　　　)思想的重要著作，也是(　　　　)学派的经典著作。

孔子(前551—前479),名(　　　),字(　　　),春秋时鲁国陬(zōu)邑(今山东省曲阜市东南)人。儒家学派的创始人,我国古代伟大的思想家、教育家。在教育方面,他提出因材施教、(　　　　　　　);政治方面,主张仁政、德治。他编订了《诗》《书》,修撰了《春秋》。

二、做一做

1. 解释下列词语的意思。

(1)居则曰:

(2)率尔:

(3)因之以饥馑:

(4)知方:

(5)方六七十:

(6)端章甫:

(7)何伤乎:

(8)春服既成:

(9)异乎三子者之撰:

(10)喟然:

2. 翻译下面的句子。

(1)如或知尔,则何以哉?

(2)加之以师旅,因之以饥馑。

(3)如其礼乐,以俟君子。

(4)宗庙之事,如会同,端章甫,愿为小相焉。

(5)鼓瑟希,铿尔,舍瑟而作。

(6)莫春者,春服既成,冠者五六人,童子六七人,浴乎沂,风乎舞雩,咏而归。

三、想一想

1. 本文通过记述孔子和四个弟子言志的一次谈话,反映了儒家怎样的政治理想与教育方法?

2. 你比较赞赏子路、曾皙、冉有、公西华四人中谁的观点?

四、说一说

针对目前国内的教育现状谈谈你的看法,你认为现在比较适合学生的教育方法是怎样的?

五、读一读

阅读下面的故事,说说你从中得到了怎样的启示?

有一个喜欢冒险的男孩爬到父亲养鸡场附近的一座山上去,发现了一个鹰巢。他从巢里拿出一个鹰蛋,带回养鸡场,把鹰蛋和鸡蛋混在了一起,让一只母鸡来孵。孵出来的小鸡群里有了一只小鹰。小鹰和小鸡一起长大,因而不知道自己除了是小鸡外还会是什么。起初它很满足,过着和鸡一样的生活。

但是,当它逐渐长大的时候,内心里就有一种奇特不安的感觉。它不时地想:"我一定不是一只鸡!"只是它一直没有采取什么行动。直到有一天,一只了不起的老鹰翱翔在鸡场的上空,小鹰感觉到自己的双翼有一股奇特的新力量,感觉胸腔里正猛烈地跳动着。它抬头看着老鹰的时候,一种想法出现在心中:"我和老鹰一样。养鸡场不是我待的地方。我要飞上青天,栖息在山崖上。"

它从来没有飞过,但是它的内心里有着力量和天性。它展开了双翅,飞升到一座矮山的顶上。极为兴奋之下,它又飞到更高的山顶上,最后冲上青天,到了高山的顶峰。它发现了伟大的自己。

第二单元

Chapter TWO

为人处世

人生活在社会中,总要与人相处,与外界发生各种各样的联系,因此,为人处世就显得十分重要。

有人说,人的一生主要是在做两件事情,一是做事,二是做人。其实,做人和做事都体现在一个过程中。做人体现在做事的过程中,做事的过程中反映着做人的道理。

但生活中,做人和做事还是有些区别的。有的人做事可能做得很好,可做人就不一定做得好。可见,做事先做人,这是处世原则。

生活中,既要学会做事,更要学会做人,它能改变人的一生。无数成功案例表明:大凡做人成功者,都为自己良好的人生立稳了坚实的柱石。

同学们,要想成才,必须先学会做人。自尊、自爱、上进、诚信、礼敬、包容、感恩……做人的真谛是什么呢?那就让我们先从单元篇目中去找寻一番吧!

学会感恩　｜　肖复兴

◎ 小试牛刀

请百度一下,完成下面关于感恩的名言警句。

1. 羊有跪乳之恩,(　　　　　　　　)。

2. 不当家,不知柴米贵;不养儿,(　　　　　　　　)。

3. 吃水不忘(　　　　　　)。

4. 滴水之恩(　　　　　　)。

5. 谁言寸草心,(　　　　　　)。

6. 投之以桃,(　　　　　　)。

7. 知恩图报,(　　　　　　)。

8. 一日为师,(　　　　　)。

9. 落红不是无情物,(　　　　　　　　)。

10. 人家帮我,(　　　　　);我帮人家,(　　　　　)。

◎ 开心一刻

一饭千金

　　帮助汉高祖打平天下的大将韩信,在未得志时,境况很是困苦。那时候,他时常往城下钓鱼,希望碰着好运气,便可以解决生活。但是,这究竟不是可靠的办法,因此,时常要饿着肚子。幸而在他时常钓鱼的地方,有很多漂母(清洗丝棉絮或旧衣布的老婆婆)在河边做工,其中有一个漂母,很同情韩信的遭遇,便不断地救济他,给他饭吃。韩信在艰难困苦中,得到那位以勤劳刻苦仅能以双手勉强糊口的漂母的恩惠,很是感激她,便对她说,将来必定要重重地报答她。那漂母听了韩信的话,很是不高兴,表示并不希望韩信将来报答她。后来,韩信替汉王立下了不少功

31

劳,被封为楚王,他想起从前曾受过漂母的恩惠,便命从人送酒菜给她吃,更送给她黄金一千两作为答谢。

"一饭千金"这个成语就是出自上述故事。它的意思是说:受人的恩惠,切莫忘记,虽然所受的恩惠很是微小,但在困难时,即使一点点帮助也是很可贵的;到我们有能力时,应该重重地报答施惠的人才是合理的。

同学们,你们知道"羊羔跪乳""乌鸦反哺"的故事吗?

◎ 选 文

西方有一个感恩节。那一天,要吃火鸡、南瓜馅饼和红莓果酱。那一天,无论天南地北,再远的孩子,也要赶回家。

总有一种遗憾,我们国家的节日很多,唯独缺少一个感恩节。我们也可以东施效颦吃火鸡、南瓜馅饼和红莓果酱,我们也可以千里万里赶回家,但那一切并不是为了感恩,团聚的热闹总是多于感恩。

没有阳光,就没有日子的温暖;没有雨露,就没有五谷的丰登;没有水源,就没有生命;没有父母,就没有我们自己;没有亲情友情和爱情,世界就会是一片孤独和黑暗。这些都是浅显的道理,没有人会不懂,但是,我们常常缺少一种感恩的思想和心理。

"谁言寸草心,报得三春晖","谁知盘中餐,粒粒皆辛苦",我们小时候背诵的诗句,讲的就是要感恩。滴水之恩,涌泉相报;衔环结草,以报恩德,中国绵延多少年的古老成语,告诉我们的也是要感恩。但是,这样的古训并没有渗进我们的血液,有时候,我们常常忘记了,无论生活还是生命,都需要感恩。

蜜蜂从花丛中采完蜜,还知道嗡嗡地唱着道谢;树叶被清风吹得凉爽,还知道飒飒地响着道谢。但是,我们还不如蜜蜂和树叶,有时候,我们往往容易忘记了需要感恩。

没错,感恩的敌人,是忘恩负义。但是,真正忘恩负义的人毕竟是少数,大多数的人们常常对别人给予自己的帮助和情谊、恩惠和德泽,以为是理所当然,便容易忽略或忘记,有意无意地站在了感恩的对立面。难道不是吗?我们父母给予我们的爱,常常是细小琐碎却无微不至,不仅常常被我们觉得就应该是这样,而且还觉得他们人老话多,树老根多,嫌烦呢。而我们自己呢,哪怕是同学或是情人的生日,都不会错过他们的 PARTY，偏偏记不清父母的生日，就并不是什么奇怪的事情了。

懂得感恩的人，往往是有谦虚之德的人，是有敬畏之心的人。对待比自己弱小的人，知道要躬身弯腰，便是属于前者；感受上苍懂得要抬头仰视，便是属于后者。因此，哪怕是比自己再弱小的人给予自己的哪怕一点一滴的帮助，这样的人也是不敢轻视、不能忘记的。跪拜在教堂里的那些人，仰望着从教堂彩色的玻璃窗中洒进的阳光，是怀着感恩之情的，纵使我并不相信上帝的存在，但我总是被那种神情所感动。

恨多于爱的人，一般容易缺乏感恩之情。心里被怨恨涨满的人，便容易像是被雨水淹没的田园，很难再吸收进新的水分，便很难再长出感恩的花朵或禾苗。

不懂得忏悔的人，一般也容易缺乏感恩之情。道理很简单，这样的人，往往唯我独尊，一切都是他对，他从来都没有错，对于别人给予他的帮助，特别是指出他的错误弥补他闪失的帮助，他怎么会在意呢？不仅不会在意，而且还可能会觉得这样的帮助是多余是当面让他下不来台呢。这样的人，心如冰硬板结的水泥地板，水是打不湿的，便也就难以再松软得能够钻出惊蛰的小虫来，鸣叫出哪怕再微弱的感恩之声来。

财富过大并钻进钱眼里出不来，和权力过重并沉溺权力欲出不来的人，一般更容易缺乏感恩之情。因为这样的人会觉得他们是施恩于别人的主儿，别人怎么会对他们施恩且需要回报呢？这样的人，大腹便便，习惯于昂着头走路，已经很难再弯下腰、蹲下身来，更难于鞠躬或磕头感恩于人了。

虽说大恩不言谢，但是，感恩一定不要仅发于心而止于口，对你需要感谢的人，一定要把感恩之意说出来，把感恩之情表达出来。美国曾经有这样一则传说，一个村子里，一家人围坐在餐桌前吃饭，母亲端上来的却是一盆稻草。全家都很奇怪，不知道这究竟是怎么一回事，母亲说："我给你们做了一辈子的饭，你们从来没有说过一句感谢的话，称赞一下饭菜好吃，这和吃稻草有什么区别！"连世上最不求回报的母亲都渴望听到哪怕一点感谢的回声，那么我们对待别人给予的帮助和恩情，就更需要把感恩的话说出来。那不仅是为了表示感谢，更是一种内心的交流，在这样的交流中，我们会感到世界因这样的息息相通而变得格外美好。

我在报上看到这样一则消息：湖南两姊妹在小时候落水，被一个好心人救起，那人没有留下姓名就走了。两姊妹和她们的父母觉得，生命是人家救的，却连一声感谢的话都没有对人家说，发誓一定要找到这个恩人。他们整整找了 20 年，两姊妹的父亲去世了，她们和母亲接着千方百计地寻找，终于找到了这位恩人，为的就是感恩。两姊妹跪拜在地上向恩人感恩的时候,她们两人和那位恩人以及过路的人们禁不住落下了眼泪。这事让我很难忘怀,两姊妹漫长20年的行动告诉我,到什么时候都不要忘记对有恩于你的人表示感恩。而感恩的那一瞬间,世界变得多么温馨美好。

我永远也不会忘记几年前的一件事情。那天,我在崇文门地铁站等候地铁,一个也就四五岁的小男孩,从站台的另一边跑了过来。因为是冬天,羽绒服把小男孩撑得圆嘟嘟的,他像个小皮球滚动过来。他问我到雍和宫坐地铁哪站近,我告诉他就在他的那边。他高兴地跑了回去,我看见那边他的妈妈在等着他。等了半天,地铁也没有来,我走了,准备上去找个"的"。我已经快走到楼梯最上面的出口处了,听到小男孩在后面"叔叔,叔叔"地叫我。我不知道他要干什么,便站在那里等他,看着他一脑门子热汗珠儿地跑到我的面前,我问他有事吗,他气喘吁吁地说:"我刚才忘了跟您说声谢谢了。妈妈问我说谢谢了吗。我说忘了,妈妈让我追你。"我永远不会忘记那个孩子和那位母亲,他们让我永远不要忘记学会感恩,对世界上不管什么人给予自己的哪怕是再微不足道的帮助和关怀,也不要忘记感恩。

(选自《读者》2004 年第 13 期)

◎ 学习活动

一、填一填

肖复兴,1947 年生,中国著名作家。当过大中小学教师,已出版 50 余种书,曾多次获全国及北京、上海地区优秀文学奖。

文中"谁言寸草心,报得三春晖"的"寸草"指小草,这里比喻(　　　　　);"晖"指太阳的光辉,这里比喻(　　　　　)。

文中"心里被怨恨涨满的人,便容易像是被雨水淹没的田园,很难再吸收进新的水分,便很难再长出感恩的花朵或禾苗"中,"被雨水淹没的田园"指的是(　　　　　),"新的水分"指的是(　　　　　)。

二、想一想

1. 从全文看,题目"学会感恩"的含义是什么?
2. 文中列举了哪些理由说明要感恩?
3. 我国有感恩的传统吗? 从文中找出并说明理由。

4. 作者说"我们对待别人给予的帮助和恩情,就更需要把感恩的话说出来",你赞同吗? 请结合生活实际说出自己的理由。

三、说一说

读了文章,你是怎样理解"感恩"的? 结合生活实际谈谈自己的体会。

四、听一听

欣赏歌曲《感恩的心》。

五、读一读

感　恩
文玉芳

一直以来,"感恩"在我心中是"感谢恩人"的概念。"恩人"者,乃于己有大恩大德者。而在美国的一次偶遇却让我悟出了感恩的另一层意味。

那是在洛杉矶的一家旅馆。早晨,我在大堂的餐厅里就餐时,发现自己的右前方有三个黑人孩子,在餐桌上埋头写着什么。在就餐的时间、就餐的地方,这三个孩子却没做与吃饭有关的事。我难以按捺心中的好奇,试探着走了过去。在这些孩子的应允下,我坐在了他们旁边。看到我这样一个肤色不同的外国人到来,他们没有一丝扭捏,而是落落大方地和我谈了起来。这三个孩子中一个约摸十二三岁戴眼镜的男孩是老大,女孩八九岁是老二,另外一个小男孩五六岁是老三。

从谈话中我了解到他们和母亲是暂时住在这家酒店里的,因为他们正在搬家,新房还未安顿好。

当问他们在做什么时,老大回答说正在写感谢信。他一副理所当然的神情让我满脸疑惑。这三个小孩一大早起来写感谢信? 我愣了一阵后追问道:"写给谁的?"

"给妈妈。"我心中的疑团一个未解一个又生。"为什么?"我又问道。"我们每天都写,这是我们每日必做的功课。"孩子回答道。哪有每天都写感谢信的? 真是不可思议! 我凑过去看了一眼他们每人手下的那沓纸。老大在纸上写了八九行字,妹妹写了五六行,小弟弟只写了两三行。再细看其中的内容,却是诸如"路边的野花开得真漂亮"、"昨天吃的比萨饼很香"、"昨天妈妈给我讲了一个很有意思的故事"之类的简单语句。我心头一震。原来他们写给妈妈的感谢信不是专门感谢妈妈给他们帮了多大的忙,而是记录下他们幼小心灵中感觉很幸福的一点一滴。他们还不知道什么叫大恩大德,只知道对于每一件美好的事物都应心存感激。他们感谢母亲辛勤的工作,感谢同伴热心的帮助,感谢兄弟姐妹之间的相互理解……他们对许多我们认为是理所当然的事都怀有一颗"感恩的心"。

其实,"感恩"不一定要感谢大恩大德,"感恩"可以是一种生活态度,一种善于发现美并欣赏美的道德情操。人生在世,不如意事十有八九。如果我们囿于这种"不如意"之中,终日惴惴不安,那生活就会索然无趣。相反,如果我们像这些孩子一样,拥有一颗"感恩"的心,善于发现事物的美好,感受平凡中的美丽,那我们就会以坦荡的心境、开阔的胸怀来应对生活中的酸甜苦辣,让原本平淡的生活焕发出迷人的光彩!

(选自《读者十年典藏》,甘肃人民出版社 2011 年版)

师说 | 韩愈

◎ 小试牛刀

韩愈一生留给世人很多名言警句,你能将下面空缺的句子补充完整吗?

1. 师者,所以传道(　　　　)解惑也。

2. 读书患不多,思义患不明;患足己不学,(　　　　　　　)。

3. (　　　　　　　),衰暮思故友。

4. 赤心事上,(　　　　　　)。

5. 肝胆一古剑,(　　　　　　)。

6. 业精于勤,荒于嬉;(　　　　　),(　　　　　　　　)。

7. 少年乐相知,(　　　　　　)。

8. 人非生而知之者,孰能无惑?(　　　　　　　　　),其为惑也,终不解矣。

◎ 开心一刻

推和敲

韩愈在任京兆尹兼御史大夫时,有一天,办完公事回府。当时有个规矩,朝廷官员外出,行人遇到必须回避。所以一见韩愈到来,街上行人都纷纷让路,可有一个书生模样的年轻人骑在驴子上摇头晃脑,右手还在空中做一推一敲的姿势,丝毫没有躲避的样子。随从人员立刻拥向前,把那人拿下,送到韩愈马前问罪。

"你为什么不回避呀?"韩愈生气地问。那个年轻人仿佛才从梦中醒来,眨了眨眼睛,忙向韩愈行礼说:"晚生刚才正在作诗,有两个字难以选定,因为心思都用在这两个字上,才忘了回避,因此冒犯大人。"

一听作诗,韩愈转怒为喜,忙问:"你在作什么诗? 哪两个字难定?"年轻人兴致勃勃地把诗念了一遍说:"就是'鸟宿池边树,僧推月下门'中的'推'字,我想改用

'敲'字,又觉不妥。反复思索,一时决断不下。"韩愈听了点点头,一边有节奏地诵读着诗句,一边用手作"推门"和"敲门"的姿势,他用心琢磨了一会儿,大声说:"我看还是'敲'字好。""为什么呢?请大人赐教。""这首诗写的是一位僧人月夜访友人的情景。僧人去时已经是夜晚,门自然是关闭的,怎能推门进去呢?'推'不合情理。而且,敲字响亮,在静悄悄的月夜,突然响起敲门声,惊动了栖息在树上的鸟儿,静中有动,意境优美。"韩愈一口气说完了自己的见解。"大人高见,大人高见。"年轻人佩服地伸出了大拇指。

韩愈见眼前的年轻人又好学又谦虚,不由地盘问起来,才知他叫贾岛,是来京参加考试的。他爱惜贾岛的文才,让他并马而行,一同回府去。这样,贾岛成了韩愈的学生和朋友,经常一起讨论文学上的问题。后来,贾岛也成为一个有名的诗人。

从这个故事可以看出韩愈是怎样一个人?

◎ 选文

古之学者①必有师。师者,所以传道授业解惑也②。人非生而知之③者,孰能无惑?惑而不从师④,其为惑也⑤,终不解矣。生乎吾前⑥,其闻⑦道也,固先乎吾,吾从而师之⑧;生乎吾后,其闻道也,亦先乎吾,吾从而师之。吾师道也⑨,夫庸知其年之先后生于吾乎⑩?是故无贵无贱⑪,无长无少,道之所存,师之所存也⑫。

嗟乎!师道⑬之不传也久矣!欲人之无惑也难矣!古之圣人,其出人⑭也远矣,犹且从师而问焉;今之众人⑮,其下⑯圣人也亦远矣,而耻学于师。是故圣益圣,愚益愚⑰。圣人之所以为圣,愚人之所以为愚,其皆出于此乎?

爱其子,择师而教之;于其身⑱也,则耻师焉,惑矣。彼童子之师,授之书而习其句读⑲者,非吾所谓传其道解其惑者也。句读之不知⑳,惑之不解,或师焉,或不焉㉑,小学而大遗㉒,吾未见其明也。

巫医乐师百工之人㉓,不耻相师。士大夫之族㉔,曰师曰弟子云者㉕,则群聚而笑之。问之,则曰:"彼与彼年相若㉖也,道㉗相似也。位卑则足羞,官盛则近谀㉘。"呜呼!师道之不复可知矣。巫医乐师百工之人,君子不齿㉙,今其智乃反不能及,其可怪也欤㉚!

圣人无常师㉛。孔子师郯子、苌弘、师襄、老聃㉜。郯子之徒㉝,其贤㉞不及孔子。孔子曰:三人行,则必有我师㉟。是故弟子不必不如师,师不必贤㊱于弟子,闻道有先后,术业有专攻㊲,如是而已。

李氏子蟠㊳,年十七,好古文㊴,六艺经传皆通习之㊵,不拘于时㊶,学于余。余嘉其能行古道㊷,作师说以贻㊸之。

（选自《韩愈文选》,人民文学出版社 1980 年版）

注 释

①学者:求学的人。

②师者,所以传道授业解惑也:老师,是靠他来传授道理、教授学业、解答疑难问题的。者,语气助词,用在句中表示停顿。所以……,用来……的,……的凭借。

③生而知之:生下来就懂得道理。之,指知识和道理。

④从师:跟从老师学习。

⑤其为惑也:那些成为疑难问题的。

⑥生乎吾前:出生在我前面的人。

⑦闻:知道,懂得。

⑧从而师之:跟从他,拜他为老师。师之,就是"以之为师"。

⑨吾师道也:我向他学习的是道理。师,学习。

⑩夫庸知其年之先后生于吾乎:哪管他的生年是比我早还是比我晚呢？夫,语气词。庸,岂,哪。知,知道。年,这里指生年。之,结构助词,无实在意义。

⑪无贵无贱:无论地位高贵还是低下。

⑫道之所存,师之所存也:道理存在的地方,就是老师存在的地方。

⑬师道:从师的风尚。

⑭出人:超出一般人。

⑮众人:指一般人。

⑯下:低于。

⑰圣益圣,愚益愚:圣人更加圣明,愚人更加愚昧。益,更加,越发。

⑱于其身:对于他自己。身:自身,自己。

⑲授之书而习其句读(dòu):教孩子读书,帮助他们练习文章的断句。句读,古时指文章的断句,语意完整的一段文字为句,句中语意未完、语气可停的更小的片段为读。

⑳句读之不知:不通晓句读。知,理解,通晓。

㉑或师焉,或不(fǒu)焉:有的向老师学习,有的不向老师学习。意谓不知句读

的从师,有惑而不解的却不从师。不,通"否"。

㉒小学而大遗:小的方面倒要学习,大的方面反而丢弃了。遗,丢弃,放弃。

㉓巫医:指古代用祝祷、占卜等迷信方法或兼用一些药物以治病为业的人。乐师:指以演奏乐器为职业的人。百工:指各种工匠。之人:这类人。

㉔族:类。

㉕曰师曰弟子云者:称呼"老师"称呼"弟子"等等。云者,有"如此如此"的意味。

㉖相若:相似。

㉗道:指道德学问。

㉘位卑则足羞,官盛则近谀(yú):以地位低的人为师就可羞,以官职高的人为师就近乎谄媚。足,可,够得上。盛,高,大。谀,阿谀,奉承。

㉙不齿:不屑于与之同列。齿,并列。

㉚其可怪也欤:真是奇怪啊。其,语气副词,表示揣测。欤,语气词,表示感叹,相当于"啊"。

㉛常师:固定的老师。常,固定的,永久的。

㉜郯(tán)子、苌(cháng)弘、师襄、老聃(dān):郯子是春秋时郯国(今山东郯城一带)的国君,孔子曾向他请教官职的名称。苌弘是周敬王时的大夫,孔子向他请教过音乐。师襄,春秋时鲁国乐官,孔子曾向他学弹琴。老聃,即老子,春秋时思想家、哲学家,道家创始人,孔子曾向他问礼。

㉝之徒:这类人。

㉞贤:道德才能。

㉟三人行,则必有我师:几个人一同行走,那么里面一定有可以做我老师的人。语出《论语·述而》:"三人行,必有我师焉。"

㊱贤:胜过。

㊲术业有专攻:学问和技艺上各有专长。攻,钻研,研究。

㊳李氏子蟠(pán):李家的孩子叫蟠的。李蟠,贞元十九年(803年)进士。

㊴古文:文体名,区别于骈体文而言。六朝时期盛行骈俪的文风,到唐代,韩愈等倡导古文运动,反对浮艳的文风,主张恢复先秦两汉的古朴文风,因此称秦汉的散文为古文。

㊵六艺经传(zhuàn)皆通习之:六经的经文和传文都普遍地学习了。六艺,指《诗》《书》《易》《礼》《春秋》《乐》六种经书。《乐》已失传,此用古说。传,古代解释

经书的著作。通,普遍。

  ④不拘于时:不受时俗的限制。时,时俗,指当时士大夫中耻于从师的不良风气。

  ④嘉其能行古道:赞许他能遵行古人从师学习的风尚。嘉,赞许。

  ④贻(yí):赠送。

◎ 学习活动

一、填一填

  1.韩愈(768—824),字退之,河阳(今河南孟县)人。唐代文学家、哲学家、思想家。谥号"文",故称"韩文公"。他与(　　　　　)同为唐代古文运动的倡导者,主张学习先秦两汉的散文语言,破骈为散,扩大文言文的表达功能。宋代苏轼称他"文起八代之衰",明人推他为唐宋八大家之首,与(　　　　　)并称"韩柳",有"文章巨公"和"百代文宗"之名。

  2."说"是(　　　　　),文体的一种。"说"前的文字提示了文章的论题。"师说"这个标题,表明"说"的对象是(　　　　　)。

二、做一做

  1.给下列加点字注音。

  句读 或不焉 官盛则近谀 郯子 苌弘 老聃

  2.解释下列句子中加点的字词。

  (1)孰能无惑

  (2)吾从而师之

  (3)授之书而习其句读

  (4)圣益圣

  (5)官盛则近谀

  (6)圣人无常师

  (7)不耻相师

  (8)作师说以贻之

  3.解释下列一词多义的字。

  (1)惑

  其为惑也,终不解矣

于其身也,则耻师焉,惑矣

(2)师

古之学者必有师

吾从而师之

吾师道也

或师焉,或不焉

(3)无

无贵无贱,无长无少

圣人无常师

(4)其

其为惑也,终不解矣

夫庸知其年之先后生于吾乎

其皆出于此乎

其可怪也欤

三、想一想

1. 哪句是本文的中心论点?
2. 哪句指明了教师的职责?
3. 哪些句子指出了从师的必要性?
4. 哪些句子阐明了择师的标准和态度?
5. 文末说"余嘉其能行古道",这里的"古道"指的是什么?

四、说一说

与同学分享一下,在你的学业过程中你最尊敬的一位老师。

五、写一写

阅读下面的故事,结合对课文的理解写一篇读后感。

程门立雪

北宋时期,福建将东县有个叫杨时的进士,他特别喜好钻研学问,到处寻师访友,曾就学于洛阳著名学者程颢门下。程颢临终前,又将杨时推荐到其弟程颐门下，在洛阳伊川书院中求学。

杨时那时已经四十多岁，学问也相当高，但他仍谦虚谨慎，不骄不躁，尊师敬友，深得程颐的喜爱。

一次，杨时同一起学习的游酢欲向程颐请教学问，却不巧赶上老师正在屋中打盹儿。杨时便劝告游酢不要惊醒老师，于是两人静立门口，等老师醒来。一会儿，天飘起鹅毛大雪，越下越急，杨时和游酢却还立在雪中，游酢实在冻得受不了，几次想叫醒程颐，都被杨时阻拦了。直到程颐一觉醒来，才赫然发现门外的两个雪人！程颐深受感动，从此更加尽心尽力教导杨时，杨时不负众望，终于学到了老师的全部学问。之后，杨时回到南方传播程氏理学，且形成独家学派，世称"龟山先生"。

后人便使用"程门立雪"这个典故，来赞扬那些求学师门、诚心专志、尊师重道的学子。

人要像树一样活着 | 俞敏洪

对联填空

对联,又称楹联,俗称对子。是写在纸、布上或刻在竹子、木头、柱子上的对偶语句。言简意赅,对仗工整,平仄协调,是一字一音的汉语所具有的独特的艺术形式。请根据上联写出下联:

1. 旗开得胜,(　　　　　　)。

2. 一身正气,(　　　　　　)。

3. 花木和气,(　　　　　　)。

4. 顾此失彼,(　　　　　　)。

5. 海阔凭鱼跃,(　　　　　　)。

6. 海到无边天作岸,(　　　　　　)。

7. 醉翁之意不在酒,(　　　　　　)。

8. 东壁图书,西园翰墨;(　　　　　　)。

9. 一饭一粥,当思来之不易;(　　　　　　)。

10. 竹本无心,节外偏生枝叶;(　　　　　　)。

开心一刻

学会分享

俞敏洪

有一个企业家和我讲起他大学时候的一个故事:他们班有一个同学,家庭比较富有,每个礼拜都会带六个苹果到学校来。宿舍里的同学以为是一人一个,结果他是自己一天吃一个。尽管苹果是他的,不给你也不能抢,但是从此这个同学给他留下一个印象,就是这个孩子太自私。后来这个同学成了企业家,事业成功。而那个吃苹果的同学还没有取得成功,就希望加入这个企业家的队伍里来。但大家一商量,说不能让他加盟,原因很简单,因为在大学的时候他从来没有体现过分享精神。

所以,对同学们来说,在大学时代的第一个要点,你得跟同学们分享你所拥有的东西,感情、思想、财富,哪怕是一个苹果也可以分成六瓣大家一起吃。因为你要知道,这样做你将来能得到更多,你的付出永远不会是白白付出的。

这个小故事给了你什么启示?

◎ 选 文

人的生活方式有两种,
第一种方式是像草一样活着,
你尽管活着,每年还在成长,
但是你毕竟是一棵草,
你吸收雨露阳光,
但是长不大。
人们可以踩过你,
但是人们不会因为你的痛苦,而产生痛苦;
人们不会因为你被踩了,而来怜悯你,
因为人们本身就没有看到你。
所以我们每一个人,
都应该像树一样地成长,
即使我们现在什么都不是,
但是只要你有树的种子,
即使你被踩到泥土中间,
你依然能够吸收泥土的养分,
自己成长起来。
当你长成参天大树以后,
遥远的地方,人们就能看到你;
走近你,你能给人一片绿色。

活着是美丽的风景，

死了依然是栋梁之材，

活着死了都有用。

这就是我们每一个同学做人的标准和成长的标准。

(《赢在中国》第三赛季36进12现场演讲，来自网络视频整理)

◎ 学习活动

一、填一填

俞敏洪，1962年出生，江苏省江阴市人，(   )创始人，著名(   )教学与管理专家。他1980年考入北京大学西语系，本科毕业后留校任教，1991年从北大辞职，进入民办教育领域。被媒体评为20世纪影响中国的25位企业家之一。

二、想一想

1. 根据原文思考，做人的标准和成长的标准是什么？

2. 根据原文思考，人为什么要像树一样活着？

三、说一说

你愿意像草一样活着吗？说说原因。

四、写一写

读完本文，写下你的感悟以及你要以怎样的姿态面对生活(200字左右)。

五、读一读

课下观看俞敏洪在中央电视台《开讲啦》中的演讲《相信奋斗的力量》，并与《人要像树一样活着》作主题方面的比较。

最苦与最乐 | 梁启超

◎ 小试牛刀

以下都是关于责任的名言警句,你还能说出几句来吗?

1. 这个社会尊重那些为它尽到责任的人。

2. 责任就是对自己要求去做的事情。

3. 一个人若是没有热情,他将一事无成,而热情的基点正是责任心。

4. 艺术应当担负起哺育思想的责任。

5. 友谊是一种责任。

6. 在他握有意志的完全自由去行动时,他才能对他的这些行为负完全责任。

7. 责任感以及有效地派任职务是成功企业经营的要素之一。

8. 责任感与机遇成正比。

◎ 开心一刻

咸鱼翻身

梁启超九岁那年,他的祖父梁维清带着他乘坐木船,由水路经江门前往广州参加考试,这是梁启超第一次离开家乡。

当时满船的人都是赶考的书生,大家坐在一起都在讨论学问和夸耀才学。一日在船上吃午饭,刚好吃的是白米饭和蒸咸鱼,有一个考生就提议以咸鱼为题吟诗或作对。其实用咸鱼入诗入对,是一个非常难的题目,因为咸鱼虽然是广东人饭桌上的名菜,但毕竟登不了大雅之堂,俗话说,"入鲍鱼之肆,久而不闻其臭",但说的仍然是臭,并且是与"入芝兰之室"相对的。话题一出,当时满船的考生都一下子被难倒了,大家都在抓耳挠腮,苦苦思索。

梁启超稍停片刻,便当众吟诵:"太公垂钓后,胶鬲举盐初。"在座的人听了,不约而同地愣了一下,然后都拍手叫好,纷纷称赞他的诗做得十分切题,风格典雅,诗意浓郁,而且适当用典,不落俗套,是十分难得的好句。

到后来有人说到梁启超的时候,就有了这样的戏言:"广东咸鱼从此得翻身了,入风流儒雅一类了",这是从梁启超作咸鱼诗中得到的。

你还知道梁启超的哪些故事?

◎ 选文

人生什么事最苦呢?贫吗?不是。失意吗?不是。老吗?死吗?都不是。我说人生最苦的事,莫若于身上背着一种未了的责任。人若能知足,虽贫不苦;若能安分(不多作分外希望),虽然失意不苦;老、死乃人生难免的事,达观的人看得很平常,也不算什么苦。独是凡人生在世间一天,便有一天应该做的事。该做的事没有做完,便像是有几千斤重担子压在肩头,是再苦没有的了。为什么呢?因为受那良心责备不过,要逃躲也没处逃躲呀!

答应人办一件事没有办,欠了人的钱没有还,受了人的恩惠没有报答,得罪了人没有赔礼,这就连这个人的面也几乎不敢见;纵然不见他的面,睡里梦里,都像有他的影子来缠着。为什么呢?因为觉得对不住他呀!因为自己对他的责任,还没有解除呀!不独是对于一个人如此,就是对于家庭、对于社会、对于国家,乃至对于自己,都是如此。凡属我受过他好处的人,我对于他便有了责任。凡属我应该做的事,而且能够做得到的,我对于这件事便有了责任。凡属我自己打主意要做一件事,便是现在的自己和将来的自己立了一种契约,便是自己对于自己加了一层责任。有了这责任,那良心便时时刻刻监督在后头,一日应尽的责任没有尽,到夜里头便是过的苦痛日子;一生应尽的责任没有尽,便死也带着苦痛往坟墓里去。这种苦痛却比不得普通的贫困老死,可以达观排解得来。所以我说人生没有苦痛便罢,若有苦痛,当然没有比这个更重的了。

反过来看,什么事最快乐呢?自然责任完了,算是人生第一件乐事。古语说得好:"如释重负";俗语亦说是:"心上一块石头落了地"。人到这个时候,那种轻松愉快,直是不可以言语形容。责任越重大,负责的日子越久长,到责任完了时,海阔天空,心安理得,那快乐还要加几倍哩!大抵天下事从苦中得来的乐才算真乐。人生须知道有负责任的苦处,才能知道有尽责任的乐处。这种苦乐循环,便是这有活力的人间一种趣味。却是不尽责任,受良心责备,这些苦都是自己找来的。一翻过去,处处尽责任,便处处快乐;时时尽责任,便时时快乐。快乐之权,操之在己。孔子所以说:"无入而不自得",正是这种作用。

然则为什么孟子又说:"君子有终身之忧"呢? 因为越是圣贤豪杰,他负的责任越是重大;而且他常要把这种种责任来揽在身上,肩头的担子从没有放下的时节。曾子还说哩:"任重而道远","死而后已,不亦远乎?"那仁人志士的忧民忧国,那诸圣诸佛的悲天悯人,虽说他是一辈子感受苦痛,也都可以。但是他日日在那里尽责任,便日日在那里得苦中真乐,所以他到底还是乐,不是苦呀!

有人说:"既然这苦是从负责任而生的,我若是将责任卸却,岂不是就永远没有苦了吗?"这却不然,责任是要解除了才没有,并不是卸了就没有。人生若能永远像两三岁小孩,本来没有责任,那就本来没有苦。到了长成,责任自然压在你的肩头上,如何能躲? 不过有大小的分别罢了。尽得大的责任,就得大快乐;尽得小的责任,就得小快乐。你若是要躲,倒是自投苦海,永远不能解除了。

(选自《拈花笑佛》,北京联合出版公司 2013 年版)

◎ 学习活动

一、填一填

梁启超(1873—1929),字卓如,一字任甫,号(   ),中国近代思想家、政治家、教育家、史学家、文学家。青年时期和其师康有为一起,倡导变法维新,并称"康梁",是(   )领袖之一、中国近代维新派代表人物。他倡导(   )运动,支持五四运动。曾倡导文体改良的"诗界革命"和"小说界革命"。其著作合编为(《   》)。

二、做一做

1. 请给下列加点的字注音。

契约(   )   揽(   )   悲天悯人(   )

2. 请解释下列词语的含义。

莫若:

达观:

契约:

任重道远:

死而后已：

仁人志士：

三、想一想

1. 作者认为人生最大的痛苦是什么？

2. 作者认为人生最大的快乐是什么？

3. 作者是如何提出人生最苦的事是责任未了的？

4. 到底什么叫责任？它的范围有多大？作者是怎样层层深入阐述的？

5. 作者是怎样论述苦乐与责任之间的关系的？结论是什么？

四、写一写

就下面几个问题情境，体验"最苦"与"最乐"的感受，写一篇小作文。

1. 完成某一学科的学习任务。

2. 完成长辈托付的某项任务。

3. 完成班集体或学校布置的某项工作。

带上三句话上路 | 李小刀

◎ 小试牛刀

以下加点的字是书刊中常见的一些别字,你能把它们改正过来吗?

按( )装　　针贬( )　　脉博( )　　松驰( )　　精萃( )

重迭( )　　防( )碍　　幅( )射　　气慨( )　　粗旷( )

凑和( )　　既( )使　　泊( )来品　渡( )假村　侯( )车室

甘败( )下风　自抱( )自弃　一愁( )莫展　穿( )流不息　一幅( )对联

天翻地复( )　言简意骇( )　一股( )作气　迫不急( )待　一如继( )往

◎ 开心一刻

哲人故事三则

一个学生问苏格拉底:"请告诉我,为什么我从未见过您蹙额皱眉,您的心情总是那么好呢?"苏格拉底答道:"因为我没有那种失去了它,就使我感到遗憾的东西。"

有人问柏拉图:"什么可以安慰不幸的人呢?"柏拉图回答:"聪明人以此自慰——意识到事情的发生不可避免,笨蛋则以此聊以自慰——换别人也是一样。"

亚里士多德有一次说:"聪明人总是与另外的聪明人意见相符,傻瓜常常既不赞同聪明人,也不赞同笨蛋。与此相似,直线总能与直线相吻合,而曲线既不彼此吻合,也不会同直线相一致。"

你知道苏格拉底、柏拉图、亚里士多德三人是什么关系吗?

◎ 选文

你将要远行,孩子,将有一生的岁月等着你去走,我送你三句话带在身边。

快乐是一种美德

你要快乐,在每一个清晨或傍晚。你要学会倾听万物的语言,你要试着与你身边的河流、山川、大地交谈。在你经过的每一个村庄,你要留下你的笑声作为纪念。这样,当多年以后人们再想起你时,他们会记得当年曾有一个多么快乐的小伙子从这里经过。

快乐是一种美德。无论你背着多少行李,你也不要把它扔到路边的沟里。即使你的鞋子掉了,脚上磨出了血,你也要紧紧地攥着快乐,不和它离开半天。

快乐是一种美德,孩子,这是因为快乐能够传染。你要把你的快乐传染给你身边的每一个人,无论是劳累的农夫还是生病的旅人,无论是赤脚的孩子还是为米发愁的母亲,你都要把快乐传染给他们,让他们像鲜花一样绽开笑脸。

不为一朵花停留太久

在你的旅途上,孩子,会有许多你没有见过的鲜花开在路边。它们守在溪流的旁边,在风中唱歌跳舞。

不要忽略它们,孩子,我们的眼睛永远不要忽略掉美。你要欣赏它们的身姿和歌声,你要因为它们而感到生活的美好。不管你的旅途多么遥远,不管你的道路如何艰难,你都要和鲜花交谈,哪怕只用你喝点水、洗把脸的时间。

但我要告诉你,不要忘记赶路,不要为一朵花停留太久的时间。

你只是一个路过的人,孩子,你要去的地方是前方,你的旅途依旧漫长,你的鞋子依然完整,你的双眼依然有神,你属于远方,而不是这里。

不为一朵花停留太久。相信这条路的前头还有千朵万朵花在等你。

你去的地方是远方,孩子,你要知道,那是很远、很远的地方。

为帮过自己的人准备礼物

你会在某一天踩着满地阳光到达目的地。孩子,只要你的身体里流着奔腾的热血,只要你举着火把吓退野兽,你就早晚会抵达那个你想要去的地方。

就在你打点行装,准备返回的时候,我要对你说,孩子,别忘了为那些帮过自己的人准备一份礼物。

你要记得在旅途上你喝过别人给你舀来的泉水,你吃过别人给你送上的食物,你听过一位姑娘的歌声,你向一个孩子问路,你在一间猎人的小屋中度过一个漫漫黑夜。要记住他们,孩子,你要记住这些人的声音、容颜。在你返回的前一天晚上,你要为他们准备好礼物。

你要把几块丝绸、几块好看的石头细心地包好。你要给姑娘准备好鲜花,你要给老人准备好烟丝,你要想着那些调皮的孩子,他们的礼物最好找也最难找。这些就足够了。再带上你在路上看过的风景、听过的故事,再带上你的经历和感触,在燃着的火炉边,讲给他们听。

告诉缺水的人们前头哪里有水,告诉生病的人们哪种草药可以治病,把你这一切经验告诉他们,把前方哪里有弯路告诉他们。

孩子,只有这样你的这次远行才算没有白走。

(选自《广州日报》2002 年 8 月 12 日)

学习活动

一、想一想

1. 文章标题为"带三句话上路",其中"路"有何含义?

2. "你要学会倾听万物的语言,你要试着与你身边的河流、山川、大地交谈",结合全文,说说你对这句话的理解。

3. 文中"一朵花"指什么?为什么说"不为一朵花停留太久"?

4. 父亲认为不要忘了给帮过自己的人准备礼物,远行才算没有白走。你同意"父亲"的观点吗?说说你的理由。

二、说一说

在你出门远行前,你的长辈们会嘱咐你什么?你自己会带些什么?

三、写一写

你认为一个人要远行,还应具备哪些品德?写出两点(不得与文章重复)。

四、读一读

阅读《精神的三间小屋》,详细分析文章提出的"精神的三间小屋"具体的精神内涵。

精神的三间小屋
毕淑敏

面对那句"人的心灵,应该比大地、海洋和天空都更为博大"的名言,自惭形秽。我们难以拥有那样雄浑的襟怀,不知累积至那种广袤需如何积攒每一粒泥土、每一朵浪花、每一朵云霓?

甚至那句恨不能人人皆知的中国古话"宰相肚里能撑船"也让我们在敬仰之余,不知所措。也许因为我们不过是小小的草民,即便怀有效仿的渴望,也终是可望而不可及,便以位卑宽宥了自己。

两句关于人的心灵的描述,不约而同地使用了空间的概念。人的肢体活动,需要空间;那容心之所,该有怎样的面积和布置?

人常说"安居才能乐业",如今的城里人一见面,就问:"你是住两居室还是三居室啊? ……喔,两居室窄巴点,三居室虽说并不富余,却也算小康了。"身体活动的空间是可以计量的,心灵活动的疆域,是否也有个基本达标的数值?

有一颗大心,才盛得下喜怒,输得出力量。于是,宜选月冷风清竹木萧萧之处,为自己的精神修建三间小屋。

第一间,盛着我们的爱和恨。

对父母的尊爱、对伴侣的情爱、对子女的疼爱、对朋友的关爱、对万物的慈爱、对生命的珍爱……对丑恶的仇恨、对污浊的厌烦、对虚伪的憎恶、对卑劣的蔑视……这些复杂对立的情感林林总总,会将这间小屋挤得满满,间不容发。你的一生经历过的所有悲欢离合、喜怒哀乐,仿佛以木石制作的古老乐器,铺陈在精神小屋的几案上,一任岁月飘逝,在某一个金戈铁血之夜,它们会无师自通与天地呼应,铮铮作响。假若爱比恨多,小屋就光明温暖,像一座金色池塘,有红色的鲤鱼游弋,那是你的大福气;假若恨比爱多,小屋就阴风惨惨,厉鬼出没,你的精神悲凄压抑,形销骨立。如果想重温祥和,就得净手焚香,洒扫庭院,销毁你的精神垃圾,重塑你的精神天花板,让一束圣洁的阳光,从天窗洒入。

第二间,盛放我们的事业。

适合你的事业,白桦林不靠天赐,主要靠自我寻找。这不但因为相宜的事业,并非像雨后的菌子一样俯拾即是,而且因为我们对自身的认识也是抽丝剥茧,需要水落石出的流程。你很难预知,将在18岁还是40岁甚至更沧桑的时分,才真正触摸到倾心的爱好。当我们太年轻的时候,因为尚无法真正独立,受种种条件的制

54

约,那附着在事业外壳上的金钱地位,或是其他显赫的光环,也许会灼晃了我们的眼睛。当我们有了足够的定力,将事业之外的赘物一一剥除,露出它单纯可爱的本质时,可能已耗费半生。然费时弥久,精神的小屋,也定需住进你所爱好的事业。否则,鸠占鹊巢、李代桃僵,那屋内必是鸡飞狗跳,不得安宁。

我们的事业,是我们的田野。我们背负着它,播种着、耕耘着、收获着,欣喜地走向生命的远方。规划自己的事业生涯,使事业和人生,呈现缤纷和谐相得益彰的局面,是第二间精神小屋坚固优雅的要诀。

第三间,安放我们的自身。

这好像是一个怪异的说法。我们自己的精神住所,不住着自己,又住着谁?

可它又确是我们常常犯下的重大失误:在我们的小屋里,住着所有我们认识的人,唯独没有我们自己。我们把自己的头脑,变成他人思想汽车驰骋的高速公路,却不给自己的思维留下一条细细的羊肠小道。我们把自己的头脑,变成搜罗最新信息网络八面来风的集装箱,却不给自己的发现留下一个小小的储藏盒。我们说出的话,无论声音多么嘹亮,都是别的喉咙嘟囔过的。我们发表的意见,无论多么周全,都是别的手指圈划过的。我们把世界万物保管得好好的,偏偏弄丢了开启自己的钥匙。在自己独居的房屋里,找不到自己曾经生存的证据。

如果真是那样,我们的精神小屋不必等待地震和潮汐,在微风中就悄无声息地坍塌。它纸糊的墙壁化为灰烬,白雪的顶棚变成泥泞,露水的地面变成了沼泽,窗棂破裂,露出惨淡而真实的世界。你的精神,孤独地在风雨中飘零。

三间小屋,说大不大,说小不小。非常世界,建立精神的栖息地,是智慧生灵的义务,每人都有如此的权利。我们可以不美丽,但我们健康;我们可以不伟大,但我们庄严;我们可以不完满,但我们努力;我们可以不永恒,但我们真诚。

当我们把自己的精神小屋建筑得美观结实、储物丰富之后,不妨扩大疆域,增修新舍,矗立我们的精神大厦,开拓我们的精神旷野。因为,精神的宇宙,是如此辽阔啊!

(选自《精神的三间小屋》,漓江出版社 2011 年版)

第三单元

Chapter THREE

感受亲情

"独在异乡为异客，每逢佳节倍思亲。"即便是水天相隔，千里万里，我们谁都拥有一份不了的亲情。亲情是人世间最牢固、最深厚的情感，她给我们逶迤不绝的依傍和温暖。

父母之爱，兄弟之爱，姐妹之爱……这些都恰似盛世莲花，开在世间，纯洁而执着。不管世间冷暖，不问世间美丑，不管世事纷纭，不问世事无常，只为一份爱。这份爱，它刻在每个家族成员的心坎上，不分朝暮，不分春夏。

同学们，亲情如日夜奔腾的江河，万古如斯。任世上最锋利的刀剑巨斧，也休想将其砍断；任世上再高的堤坝，也难阻断它滚滚向前奔腾。

在这个单元中，有父母对子女无限的呵护、包容与理解，也有子女对父母深深的敬重、感恩和怀念，读后都让我们唏嘘感叹。不经意间，也会想起自己的父母与兄弟姊妹，会勾起我们内心深处那份暖暖的情愫。

我的母亲 | 老 舍

◎ 小试牛刀

品读关于母爱的格言和颂语

1. 世界上的一切光荣和骄傲,都来自母亲。(高尔基)

2. 母爱是一种巨大的火焰。(罗曼·罗兰)

3. 世界上有一种最动听的声音,那便是母亲的呼唤。(但丁)

4. 慈母的胳膊是慈爱构成的,孩子睡在里面怎能不甜?(雨果)

5. 人的嘴唇所能发出最甜美的字眼儿,就是母亲;最美好的呼唤,就是妈妈。(纪伯伦)

6. 成功的时候,谁都是朋友。但只有母亲,她是失败时的伴侣。(郑振铎)

7. 妈妈在哪儿,哪儿就是最快乐的地方。(英国格言)

8. 人生最美的东西之一就是母爱,这是无私的爱,道德与之相形见绌。(日本格言)

9. 全世界的母亲多么的相像!她们的心始终一样。每一个母亲都有一颗极为纯真的赤子之心。(惠特曼)

10. 女人固然是最脆弱的,母亲却是坚强的。(法国格言)

你还知道哪些关于母爱的格言、颂语或故事?请与大家分享。

◎ 开心一刻

老舍的幽默

有"幽默小说家"之称的老舍不仅写的小说与剧本妙趣横生,在日常生活中也充满了幽默感。

抗战期间,北新书局出版的《青年界》曾向老舍先生催过稿。老舍在寄稿的同时,幽默地寄去了一封带戏曲味的答催稿信:"元帅发来紧急令:内无粮草外无兵!小将提枪上了马,《青年界》上走一程。呔!马来!参见元帅。带来多少人马?2000来个字!还都是老弱残兵!后帐休息!得令!正是:旌旗明明,杀气满山头!"其被催稿的"苦相"以及自谦精神,跃然纸上。

还有一次,老舍家里来了许多青年人,请教怎么写诗。老舍说:"我不会写诗,只是'瞎凑'而已。"有人提议,请老舍当场"瞎凑"一首,老舍随口"凑"了四句:

> 大雨洗星海,
>
> 长虹万籁天。
>
> 冰莹成舍我,
>
> 碧野林枫眠。

老舍随口吟的这首别致的五言绝句,寥寥二十字,就把人们熟悉并称道的八位文学家、艺术家的名字"瞎凑"在一起,形象鲜明,意境开阔,余味无穷。青年们听了,无不赞叹叫绝。

你知道诗中提到的这八位文学家和艺术家都是谁吗?请说说看。

◎ 选文

母亲的娘家是在北平①德胜门外,土城儿外边,通大钟寺的大路上的一个小村里。村里一共有四五家人家,都姓马。大家都种点不十分肥美的土地,但是与我同辈的兄弟们,也有当兵的,作木匠的,作泥水匠的,和当巡察②的。他们虽然是农家,却养不起牛马,人手不够的时候,妇女便也须下地作活。

对于姥姥家,我只知道上述的一点。外公外婆是什么样子,我就不知道了,因为他们早已去世。至于更远的族系与家史,就更不晓得了;穷人只能顾眼前的衣食,没有功夫谈论什么过去的光荣;"家谱"这字眼,我在幼年就根本没有听说过。

母亲生在农家,所以勤俭诚实,身体也好。这一点事实却极重要,因为假若我没有这样的一位母亲,我之为我恐怕也就要大大的打个折扣了。

母亲出嫁大概是很早,因为我的大姐现在已是六十多岁的老太婆,而我的大甥女还长我一岁啊。我有三个哥哥,四个姐姐,但能长大成人的,只有大姐,二姐,三姐,三哥与我。我是"老"儿子③。生我的时候,母亲已四十一岁,大姐二姐已都出了阁。

由大姐与二姐所嫁入的家庭来推断,在我生下之前,我的家里,大概还马马虎虎的过得去。那时候定婚讲究门当户对,而大姐丈是作小官的,二姐丈也开过一间酒馆,他们都是相当体面的人。

可是,我,我给家庭带来了不幸:我生下来,母亲晕过去半夜,才睁眼看见她的老儿子——感谢大姐,把我揣在怀里,致未冻死。

一岁半,我把父亲"克"死了。兄不到十岁,三姐十二三岁,我才一岁半,全仗母亲独力抚养了。父亲的寡姐跟我们一块儿住,她吸鸦片,她喜摸纸牌,她的脾气极坏。为我们的衣食,母亲要给人家洗衣服,缝补或裁缝衣裳。在我的记忆中,她的手终年是鲜红微肿的。白天,她洗衣服,洗一两大绿瓦盆。她作事永远丝毫也不敷衍,就是屠户们送来的黑如铁的布袜,她也给洗得雪白。晚间,她与三姐抱着一盏油灯,还要缝补衣服,一直到半夜。她终年没有休息,可是在忙碌中她还把院子屋中收拾得清清爽爽。桌椅都是旧的,柜门的铜活④久已残缺不全,可是她的手老使破桌面上没有尘土,残破的铜活发着光。院中,父亲遗留下的几盆石榴与夹竹桃,永远会得到应有的浇灌与爱护,年年夏天开许多花。

哥哥似乎没有同我玩耍过。有时候,他去读书;有时候,他去学徒;有时候,他也去卖花生或樱桃之类的小东西。母亲含着泪把他送走,不到两天,又含着泪接他回来。我不明白这都是什么事,而只觉得与他很生疏。与母亲相依为命的是我与三姐。因此,她们作事,我老在后面跟着。她们浇花,我也张罗着取水;她们扫地,我就撮土……从这里,我学得了爱花,爱清洁,守秩序。这些习惯至今还被我保存着。

有客人来,无论手中怎么窘,母亲也要设法弄一点东西去款待。舅父与表哥们往往是自己掏钱买酒肉食,这使她脸上羞得飞红,可是,殷勤的给他们温酒作面,又给她一些喜悦。遇上亲友家中有喜丧事,母亲必把大褂洗得干干净净,亲自去贺吊——份礼也许只是两吊小钱。到如今为我的好客的习性,还未全改,尽管生活是这么清苦,因为自幼儿看惯了的事情是不易改掉的。

姑母时常闹脾气。她单在鸡蛋里找骨头。她是我家中的阎王。直到我入中学,她才死去,我可是没有看见母亲反抗过。"没受过婆婆的气,还不受大姑子的吗?命当如此!"母亲在非解释一下不足以平服别人的时候,才这样说。是的,命当如此。母亲活到老,穷到老,辛苦到老,全是命当如此。她最会吃亏。给亲友邻居帮忙,她总跑在前面:她会给婴儿洗三⑤——穷朋友们可以因此少花一笔"请姥姥⑥"钱——她会刮痧⑦,她会给孩子们剃头,她会给少妇们绞脸⑧……凡是她能做的,都有求必应。但是,吵嘴打架,永远没有她。她宁吃亏,不逗气。当姑母死去的时候,母亲似乎把一世的委屈都哭了出来,一直哭到坟地。不知道哪里来的一位侄子,声称有承继权,母亲便一声不响,教他搬走那些破桌子烂板凳,而且把姑母养的一只肥母鸡也送给他。

可是,母亲并不软弱。父亲死在庚子闹"拳"^⑨的那一年。联军^⑩入城,挨家搜索财物鸡鸭,我们被搜两次。母亲拉着哥哥与三姐坐在墙根,等着"鬼子"进门,街门是开着的。"鬼子"进门,一刺刀先把老黄狗刺死,而后入室搜索,他们走后,母亲把破衣箱搬起,才发现了我。假若箱子不空,我早就被压死了。皇上跑了,丈夫死了,鬼子来了,满城是血光火焰,可是母亲不怕,她要在刺刀下,饥荒中,保护着儿女。北平有多少变乱啊,有时候兵变了,街市整条的烧起,火团落在我们院中;有时候内战了,城门紧闭,铺店关门,昼夜响着枪炮。这惊恐,这紧张,再加上一家饮食的筹划,儿女安全的顾虑,岂是一个软弱的老寡妇所能受得起的? 可是,在这种时候,母亲的心横起来,她不慌不哭,要从无办法中想出办法来。她的泪会往心中落! 这点软而硬的性格,也传给了我。我对一切人与事,都取和平的态度,把吃亏当作当然的。但是,在做人上,我有一定的宗旨与基本的法则,什么事都可将就,而不能超过自己划好的界限。我怕见生人,怕办杂事,怕出头露面;但是到了非我去不可的时候,我便不得不去,正像我的母亲。从私塾到小学,到中学,我经历过起码有廿^⑪位教师吧,其中有给我很大影响的,也有毫无影响的,但是我的真正的教师,把性格传给我的,是我的母亲。母亲并不识字,她给我的是生命的教育。

当我小学毕了业的时候,亲友一致的愿意我去学手艺,好帮助母亲。我晓得我应当去找饭吃,以减轻母亲的勤劳困苦。可是,我也愿意升学。我偷偷的考入了师范学校——制服、饭食、书籍、宿处,都由学校供给。只有这样,我才敢对母亲说升学的话。入学,要交十元的保证金,这是一笔巨款! 母亲作了半个月的难,把这巨款筹到,而后含泪把我送出门去。她不辞劳苦,只要儿子有出息。当我由师范毕业,而被派为小学校校长,母亲与我都一夜不曾合眼。我只说了句:"以后,您可以歇一歇了!"她的回答只有一串串的眼泪。我入学之后,三姐结了婚。母亲对儿女都是一样疼爱的,但是假若她也有点偏爱的话,她应当偏爱三姐,因为自父亲死后,家中一切的事情都是母亲和三姐共同撑持的。三姐是母亲的右手,但是母亲知道这右手必须割去,她不能为自己的便利而耽误了女儿的青春。当花轿来到我们的破门外的时候,母亲的手就和冰一样的凉,脸上没有血色——那是阴历四月,天气很暖,大家都怕她晕过去。可是,她挣扎着,咬着嘴唇,手扶着门框,看花轿徐徐的走去。不久,姑母死了。三姐已出嫁,哥哥不在家,我又住学校,家中只剩母亲自己。她还须自早至晚的操作，可是终日没人和她说一句话。新年到了，正赶上政府倡用阳历，不许过旧年。除夕，我请了两小时的假，由拥挤不堪的街市回到清炉冷灶的家中。母亲笑了。及至听说我还须回校，她愣住了。半天，她才叹出一口气来。到我该走的时候，她递给我一些花生，"去吧，小子！"街上是那么热闹，我却什么也没看见，泪遮迷了我的眼。今天，泪又遮住了我的眼，又想起当日孤独的过那凄惨的除夕的慈母。可是，慈母不会再候盼着我了，她已入了土！

儿女的生命是不依顺着父母所投下的轨道一直前进的，所以老人总免不了伤心。我廿三岁，母亲要我结婚，我不要。我请来三姐给我说情，老母含泪点了头。我爱母亲，但是我给了她最大的打击。时代使我成为逆子。廿七岁，我上了英国。为了自己，我给六十多岁的老母以第二次打击。在她七十大寿的那一天，我还远在异域。那天，据姐姐们后来告诉我，老太太只喝了两口酒，很早的便睡下。她想念她的幼子，而不便说出来。

七七抗战⑫后，我由济南逃出来。北平又像庚子那年似的被鬼子占据了，可是母亲日夜惦念的幼子却跑到西南来。母亲怎样想念我，我可以想象得到，可是我不能回去。每逢接到家信，我总不敢马上拆看，我怕，怕，怕，怕有那不祥的消息。人，即使活到八九十岁，有母亲便可以多少还有点孩子气。失了慈母便像花插在瓶子里，虽然还有色有香，却失去了根。有母亲的人，心里是安定的。我怕，怕，怕家信中带来不好的消息，告诉我已是失去了根的花草。

去年一年，我在家信中找不到关于老母的起居情况。我疑虑，害怕。我想象得到，如有不幸，家中念我流亡孤苦，或不忍相告。母亲的生日是在九月，我在八月半写去祝寿的信，算计着会在寿日之前到达。信中嘱咐千万把寿日的详情写来，使我不再疑虑。十二月二十六日，由文化劳军大会上回来，我接到家信。我不敢拆读。就寝前，我拆开信，母亲已去世一年了！

生命是母亲给我的。我之能长大成人，是母亲的血汗灌养的。我之能成为一个不十分坏的人，是母亲感化的。我的性格，习惯，是母亲传给的。她一世未曾享过一天福，临死还吃的是粗粮！唉！还说什么呢？心痛！心痛！

（选自《中国现代文学珍藏大系·老舍卷（上）》，蓝天出版社2003年版，有改动）

注　释

①北平：北京的旧称。1928年至1949年中华人民共和国成立以前，北京叫作

北平。

②巡察:巡警,旧时指警察。

③"老"儿子:最小的儿子。

④铜活:指器物上各种铜制的物件。

⑤洗三:旧俗在婴儿出生后第三天给婴儿洗澡,有洗去身上污垢,以保平安健康之意。

⑥姥姥:这里指接生婆。

⑦刮痧:民间治疗某些疾患的一种方法,用铜钱等物蘸水或油刮患者的胸、背等处,使局部皮肤充血,减轻内部炎症。

⑧绞脸:汉族婚俗之一。指婚礼前为新娘修饰梳妆脸面,方法是把一条线两股相交,用手扯住两头,通过有规律的抖动,绞去脸上的细毛。女子一生只开脸一次,表示已婚。多由公婆、丈夫、子女俱全的所谓全福妇女进行操作。

⑨庚子闹"拳":中国旧时以天干地支纪年,庚子,即公历 1900 年。"拳",指义和团运动。

⑩联军:指1900 年英、美、德、法、俄、日、意、奥八国为侵略我国组成的多国军队。

⑪廿(niàn):二十。

⑫七七抗战:指1937 年7月7日卢沟桥事变,抗日战争从此开始。

◎ 学习活动

一、填一填

1. 老舍(1899—1966),原名(　　　　　),字舍予,北京人。我国现代著名作家,杰出的语言大师、人民艺术家。代表作有长篇小说(《　　　　　》)(《　　　　　》),剧本(《　　　　　》)(《　　　　　》)等,被誉为作家劳动模范。

2.《我的母亲》这篇散文,作者用朴实无华的语言表达了对母亲深深的愧疚和怀念之情,其情正可用一句话来形容:树欲静而风不止,(　　　　　　　　)。

二、做一做

1. 给下列各句中加点的字注音。

(1)她们浇花,我也张罗着取水;她们扫地,我就撮土……(　　　)

（2）她会刮痧，她会给孩子们剃头，她会给少妇们绞脸……（　　　　）

（3）从私塾到小学，到中学，我经历过起码有廿位教师吧。（　　　　）

（4）因为自父亲死后，家中一切的事情都是母亲和三姐共同撑持的。（　　　　）

（5）北平又像庚子那年似的被鬼子占据了，可是母亲日夜惦念的幼子却跑到西南来。（　　　　）

2. 根据意思写出成语。

（1）只要有人请求就一定应允。（　　　　　　　　　）

（2）互相依靠着生活，谁也离不开谁。（　　　　　　　　）

（3）指结亲双方家庭的社会地位和经济状况相当。（　　　　　　　　）

三、想一想

1. 课文写的是"我"的母亲，但开篇为什么却从母亲的娘家及子女写起？

2. 课文围绕母亲主要写了哪几件事情？从这些事情中可以看出母亲的哪些性格特征？

3. 文章在刻画母亲形象时，运用了哪些描写手法？

4. 联系上下文，品读下列句子中加点的词语，回答问题。

（1）在我的记忆中，她的手终年是鲜红微肿的。……她终年没有休息，可是在忙碌中她还把院子屋中收拾得清清爽爽。（作者为什么在文中反复强调"终年"？）

（2）三姐是母亲的右手，但是母亲知道这右手必须割去，她不能为自己的便利而耽误了女儿的青春。（这句话运用了什么修辞手法？"右手"在文中是什么意思？）

（3）每逢接到家信，我总不敢马上拆看，我怕，怕，怕，怕有那不祥的消息。……告诉我已是失去了根的花草。（作者为什么连用三个"怕"？"失去了根的花草"在文中的意思是什么？用了什么修辞手法？）

四、说一说

作者说："生命是母亲给我的。我之能长大成人，是母亲的血汗灌养的。我之能成为一个不十分坏的人，是母亲感化的。我的性格，习惯，是母亲传给的。""母亲并不识字，她给我的是生命的教育。"学习了这篇散文，结合自己的成长过程，说说你对这几句话的理解。

五、写一写

1. 浓浓的母爱给了作者老舍先生生命的教育,在你和母亲之间,也一定发生过感人至深的故事,请截取其中最令你感动难忘的片断,写出来与大家分享。

2. 回家主动为父母做一件事,比如为他们洗衣、洗脚,为他们做饭、夹菜等,看看他们是什么反应。将这些记录下来,并写出自己的感受。

我不是个好儿子 ｜ 贾平凹

◎ 小试牛刀

巧填人名，补全歇后语

1. (　　　)审案——铁面无私

2. 半路上杀出个(　　　)——措手不及

3. (　　　)照镜子——里外不是人

4. (　　　)当皇帝——软弱无能

5. (　　　)上梁山——官逼民反

6. (　　　)的斧子——头三下

7. (　　　)借荆州——有借无还

8. (　　　)借东风——巧用天时

9. (　　　)进曹营——一言不发

10. (　　　)打宋江——过后赔礼

◎ 开心一刻

富矿山上不长草

十多年前,一位来自南方的女记者采访《美文》主编贾平凹,见他满头乌发已被秃顶所取代,便为贾氏呕心沥血写作使得青春不再而悲伤。贾平凹"安慰"她说:"富矿山上不长草嘛。谢顶有众多好处,如省却洗理费,无小辫子可抓,有虱子还可一眼看到,且不会被削发为民,即使愤怒起来也无发冲冠,还不会被误为发霉变坏。"

一听秃顶还很有学问,那位女记者突然想起《阿Q正传》中阿Q的名言:"尼姑

67

摸得，为什么我摸不得。"便想伸手去摸贾平凹的头。贾平凹连忙变得严肃起来："秃顶男人的高贵在于这颗头只许看不许摸！"

你还知道哪位作家的幽默故事？请与大家分享。

◎ 选文

母亲一生都在乡下，没有文化，不善说会道，飞机只望见过天上的影子。她并不清楚我在远远的城里干什么，唯一晓得的是我能写字。她说我写字的时候眼睛在不停地眨，就操心我的苦，"世上的字能写完？"一次一次地阻止我。前些年，母亲每次到城里小住，总是为我和孩子缝制过冬的衣物，棉花垫得极厚，总害怕我着冷，结果使我和孩子都穿得像狗熊一样笨拙①。她过不惯城里的生活，嫌吃油太多，来人太多，客厅的灯不灭，东西一旧就扔，说："日子没乡下整端。"最不能忍受我打骂孩子，孩子不哭，她却哭，和我闹一场后就生气回乡下去了。母亲每一次都高高兴兴来，每一次都生了气回去。

母亲姓周，这是从舅舅那里知道的，但不知母亲叫什么名字。12 岁那年，一次与同村的孩子骂仗——乡下骂仗以高声大叫对方父母名字为最解气的——她父亲叫鱼，我骂她鱼，鱼，河里的鱼！她骂我：蛾，蛾，小小的蛾！我清楚了母亲叫周小娥。大人物之所以是大人物，是名字被千万人呼喊，母亲的名字我至今没有叫过，似乎也很少听老家村子里的人叫过，但母亲不是大人物却并不失却她的伟大，她的老实、本分、善良、勤劳在家乡有口皆碑②。现在有人讥讽我有农民的品性，我并不羞耻，我就是农民的儿子。母亲教育我的"忍"字使我忍了该忍的事情，避免了许多祸灾发生，而我的错误在于忍了不该忍的事情，企图以委曲求全③未能求全。

七年前，父亲做了胃癌手术，我全部的心思都在父亲身上。父亲去世后，我仍是常常梦到父亲，父亲依然还是有病痛的样子，醒来就伤心落泪，要买了阴纸来烧。在纸灰飞扬的时候，突然间我会想起乡下的母亲，又是数日不安，也就必会寄一笔钱到乡下去。寄走了钱，心安理得④地又投入到我的工作中了，心中再也没有母亲的影子。老家的村子里，人都在夸我给母亲寄钱，可我心里明白，给母亲寄钱并不是我心中多么有母亲，完全是为了我的心理平衡。而母亲收到寄去的钱总舍不得花。听妹妹说，她把钱没处放，一卷一卷塞在床下的破棉鞋里，几乎让老鼠做了窝去。我埋怨过母亲，母亲说："我要那么多钱干啥？零着攒⑤下了将来整着给你。你们都精精神神了，我喝凉水都高兴的，我现在又不至于就喝着凉水！"去年回去，她真的要把积攒的钱给我。我气恼了，要她逢集赶会去买零嘴吃。她果然一次买回了许多红糖，装一个瓷罐儿里，但凡谁家的孩子去她那儿了，就三个指头一捏，往孩子嘴里一塞，再一抹。孩子们为糖而来，得糖而去。母亲笑着骂着："喂不熟的狗！"末了就呆呆地发半天愣。

小时候，我对母亲的印象是她只管家里人的吃和穿，白日除了去生产队出工，夜里总是洗萝卜呀，切红薯片呀，或者纺线，纳鞋底，在门闩⑥上拉了麻丝合绳子。母亲操持家里的吃穿琐碎事无巨细，而家里的大事，母亲是不管的，一切由当教师的星期天才能回家的父亲做主。在我上大学的那些年，每次寒暑假结束要进城，头一天夜里总是开家庭会，家庭会差不多是父亲主讲，要用功学习呀，真诚待人呀，孔子是怎么讲的，古今历史上什么人是如何奋斗的，直要讲两三个小时。母亲就坐在一边，为父亲不住吸着的水烟袋卷纸媒，纸媒卷了好多，便袖手打盹儿。父亲最后说："你妈还有啥说的？"母亲一怔方清醒过来，父亲就生气了："瞧你，你竟能睡着！"训几句。母亲只是笑着，说："你是老师能说，我说啥呀？"大家都笑笑，说天不早了，睡吧，就分头去睡。这当儿母亲却精神了，去关院门，关猪圈，检查柜盖上的各种米面瓦罐是否盖严了，防备老鼠进去，然后就收拾我的行李，然后一个人去灶房为我包天明起来要吃的素饺子。

父亲去世后，我原本立即接她来城里住，她不来，说父亲三年没过，没过三年的亡人会有阴灵常常回来的，她得在家顿顿往灵牌前贡献饭菜。平日太阳暖和的时候，她也去和村里一些老太太们打花花牌，她们玩的是二分钱一个注儿，每次出门就带两角钱三角钱，她塞在袜筒里。她养过几只鸡，清早一开鸡棚——要在鸡屁股里揣揣有没有蛋要下，若揣着有蛋，半晌午打牌就半途赶回来收拾产下的蛋，可她不大吃鸡蛋，只要有人来家坐了，却总热恜着要烧煎水，煎水里就卧荷包蛋。每年院里的梅李熟了，总摘一些留给我，托人往城里带，没人进城，她一直给我留着，"平爱吃酸果子"，她这话要唠叨好长时间。梅李就留到彻底腐烂了才肯倒去。

我成不成为什么专家名人，母亲一向是不大理会的。她既不晓得我工作的荣耀，我工作上的烦恼和苦闷也就不给她说。当知道我已孤单一人，又病得入了院，她悲伤得落泪，她要到城里来看我，弟、妹不让她来，她气得在家里骂这个骂那个，后来冒着风雪来了。她的眼睛已患了严重的疾病，却哭着说："我娃这是什么命啊！"

我告诉母亲，我的命并不苦的，什么委屈和劫难我都可以受得。少年时期我上山砍柴，挑百十斤的柴担在山岭道上行走，因为路窄，不到固定的歇息处是不能放下柴担的,肩膀再疼腿再酸也不能放下柴担的,从那时起我就练出了一股韧劲的。而现在最苦的是我不能亲自伺候母亲!父亲去世了,作为长子,我是应该为这个家操心,使母亲在晚年活得幸福,但现在既不能照料母亲,反倒让母亲还为儿子牵肠挂肚,我这做的是什么儿子呢?把母亲送出医院,看着她上车要回去了,我还是掏出身上仅有的钱给她,我说,钱是不能代替了孝顺的,但我如今只能这样啊!母亲懂得了我的心,她把钱收了,紧紧地握在手里,再一次整整我的衣领,摸摸我的脸,说我的胡子长了,用热毛巾捂捂,好好刮刮,才上了车。眼看着车越走越远,最后看不见了。我回到病房,躺在床上开始打吊针,我的眼泪默默地流下来。

(选自《我爸我妈》,中国文联出版公司 1998 年版,有改动)

注 释

①笨拙(zhuō):不聪明,不灵巧,反应迟钝。

②有口皆碑:所有人的嘴都是记载功德的碑石,比喻人人称赞。

③委曲求全:勉强迁就,以求保全。也指为了顾全大局而让步。

④心安理得:自以为做的事情合乎道理,心里很坦然。

⑤攒(zǎn):积聚,积蓄。

⑥门闩(shuān):指门关上后,插在门内使门推不开的滑动插销。

◎ 学习活动

一、填一填

1. 贾平凹(wā),1952 年出生,陕西省丹凤县人,中国当代著名作家。代表作有小说(《   》)(《   》)等。

2. 给下列词语中加点的字注音。

笨拙(   )　　　攒钱(   )　　　门闩(   )　　　打盹(   )

揣着(   )　　　惦记(   )　　　一怔(   )　　　韧劲(   )

3. 改错字。

委屈求全(   )　　　相形见拙(   )　　　锁碎(   )

掂记(   )　　　事无拒细(   )　　　打磕睡(   )

二、想一想

1. 作者在第二段中写道:"现在有人讥讽我有农民的品性,我并不羞耻,我就是农民的儿子。"作者为什么不感到羞耻？请说明理由。

2. 作者老家的人都夸作者给母亲寄钱，但作者说寄钱给母亲只是在寻求心理平衡。这如何理解？请结合课文说明。

3. 文中的母亲是怎样的一个人？试概括出她的性格、形象。

4. 作者为什么认为自己"不是一个好儿子"？试结合全文分析原因，并联系实际谈谈你的认识或感悟。

5. 读过文章后，你有怎样的感受？课文中的哪些句子让你感动？

三、说一说

1. 国外孩子最崇拜的人中，父母总是列在前面。你最崇拜的人是谁？科学家，明星，还是你自己？你崇拜身边那个为你洗衣做饭的平凡母亲吗？

2. 说一说母亲节的来历。

四、写一写

1. 学习了这篇散文，你有没有反思过自己是不是一个好儿子，好女儿？请搜寻父母为我们做的点点滴滴，写一件曾经愧对父母的事（300 字左右），注意叙事抒情相结合。

参考题目：我不是一个好儿子/我不是一个好女儿。

2. 通过手机短信，每人送给母亲一句最想说的话。

五、读一读

课外阅读舒婷的《啊，母亲》。

六、听一听

欣赏歌曲《母亲》(阎维文演唱)和《烛光里的妈妈》(毛阿敏演唱)。

多年父子成兄弟 | 汪曾祺

◎ 小试牛刀

敬辞与谦辞

中国是历史悠久的礼仪之邦,千百年来,中国人在人际交往中使用了许多敬辞和谦辞。试写出下列常用的敬辞或谦辞。

称呼别人的父亲:　　　　　　　　称呼别人的母亲:

称呼别人的儿子:　　　　　　　　称呼别人的女儿:

称呼别人的妻子:　　　　　　　　称呼别人的兄弟:

称呼自己的父亲:　　　　　　　　称呼自己的母亲:

称呼自己的儿子:　　　　　　　　称呼自己的女儿:

称呼自己的兄弟:　　　　　　　　称呼自己的姐妹:

对长辈称呼自己:

◎ 开心一刻

歌德教子

一次偶然的机会,歌德发现儿子在自己的笔记本里摘引了别人写的一段小诗:"人生,在这里只有两分半钟的时间,一分钟微笑,一分钟叹息,半分钟爱,因为在爱的这一分钟中间他死去了。"

歌德细细品味儿子摘抄的这段诗,随即联想到儿子平时慵懒散漫、无心学习的状况,心中十分担忧。他想,一个年轻而涉世未深的孩子如果对人生抱有这种玩世不恭的态度,后果将不堪设想。思及此处,他提笔在这段小诗后写道:"一个钟头有六十分钟,一天就超过了一千分钟。懂得这一道理,人就有许多时间学习、贡献。"

随后,他把儿子叫到身边,让儿子看过这段话,并语重心长地说:"把人生只当作两分半钟,嬉戏人生,就只会碌碌无为、虚度光阴,最终一无所获。然而,如果真正以每一分钟作为时间单位来规划自己的人生,争分夺秒地学习、工作和创造,那就会成为世界上十分富有的人,就可以比那些用年、月、日来计算人生的人,多做许多事,多收获许多。"

儿子听了父亲的劝告,受益匪浅。他把父亲写的话抄在笔记本的首页,作为时时刻刻鞭策自己的座右铭,鼓励自己不要懈怠,抓住点点滴滴的时光耕耘自己的人生。

你还知道哪些古今中外名人父子之间的故事?如曹氏父子、大仲马与小仲马等。

◎ 选文

这是我父亲的一句名言。

父亲是个绝顶聪明的人。他是画家,会刻图章,画写意花卉。图章初宗浙派,中年后治汉印。他会摆弄各种乐器,弹琵琶,拉胡琴,笙箫管笛,无一不通。他认为乐器中最难的其实是胡琴,看起来简单,只有两根弦,但是变化很多,两手都要有功夫。他拉的是老派胡琴,弓子硬,松香滴得很厚——现在拉胡琴的松香都只滴了薄薄的一层。他的胡琴音色刚亮。胡琴码子都是他自己刻的,他认为买来的不中使。他养蟋蟀,养金铃子①。他养过花,他养的一盆素心兰在我母亲病故那年死了,从此他就不再养花。我母亲死后,他亲手给她做了几箱子冥衣——我们那里有烧冥衣的风俗。按照母亲生前的喜好,选购了各种花素色纸做衣料,单夹皮棉,四时不缺。他做的皮衣能分得出小麦穗、羊羔、灰鼠、狐肷②。

父亲是个很随和的人,我很少见他发过脾气,对待子女,从无疾言厉色。他爱孩子,喜欢孩子,爱跟孩子玩,带着孩子玩。我的姑妈称他为"孩子头"。春天,不到清明,他领一群孩子到麦田里放风筝。放的是他自己糊的蜈蚣(我们那里叫"百脚"),是用染了色的绢糊的。放风筝的线是胡琴的老弦,老弦结实而轻,这样风筝可笔直地飞上去,没有"肚儿"。用胡琴弦放风筝,我还未见过第二人。清明节前,小麦还没有"起身",是不怕践踏的,而且越踏会越长得旺。孩子们在屋里闷了一冬天,在春天的田野里奔跑跳跃,身心都极其畅快。他用钻石刀把玻璃裁成不同形状的小块,再一块一块斗拢,接缝处用胶水粘牢,做成小桥、小亭、八角玲珑水晶球。桥、亭、球是中空的,里面养了金铃子。从外面可以看到金铃子在里面自在爬行,振翅鸣叫。他会做各种灯。用浅绿透明的"鱼鳞纸"扎了一只纺织娘，栩栩如生。用西洋红染了色，上深下浅，通草做花瓣，做了一个重瓣荷花灯，真是美极了。在小西瓜（这是拉秧的小瓜，因其小，不中吃，叫做"打瓜"或"笃瓜"）上开小口挖净瓜瓤，在瓜皮上雕镂出极细的花纹，做成西瓜灯。我们在这些灯里点了蜡烛，穿街过巷，邻居的孩子都跟过来看，非常羡慕。

父亲对我的学业是关心的，但不强求。我小时候，国文成绩一直是全班第一。我的作文，时得佳评，他就拿出去到处给人看。我的数学不好，他也不责怪，只要能及格，就行了。他画画，我小时候也喜欢画画，但他从来不指点我。他画画时，我在旁边看，其余时间由我自己乱翻画谱，瞎抹。我对写意花卉那时还不太会欣赏，只是画一些鲜艳的大桃子，或者我从来没有见过的瀑布。我小时字写得不错，他倒是给我出过一点主意。在我写过一阵"圭峰碑"和"多宝塔"以后，他建议我写写"张猛龙"。这建议是很好的，到现在我的字还有"张猛龙"的影响。我初中时爱唱戏，唱青衣，我的嗓子很好，高亮甜润。在家里，他拉胡琴，我唱。我的同学有几个能唱戏的。学校开同乐会，他应我的邀请，到学校去伴奏。几个同学都只是清唱。有一个姓费的同学借到一顶纱帽，一件蓝官衣，扮起来唱"朱砂井"，但是没有配角，没有衙役，没有犯人，只是一个赵廉，摇着马鞭在台上走了两圈，唱了一段"郡坞县在马上心神不定"便完事下场。父亲那么大的人陪着几个孩子玩了一下午，还挺高兴。我 17 岁初恋，暑假里，在家写情书，他在一旁瞎出主意。我十几岁就学会了抽烟喝酒。他喝酒，给我也倒一杯。抽烟，一次抽出两根，他一根我一根。他还总是先给我点上火。我们的这种关系，他人或以为怪。父亲说："我们是多年父子成兄弟。"

我和儿子的关系也是不错的。我戴了"右派分子"的帽子下放张家口农村劳动，他那时还从幼儿园刚毕业，刚刚学会汉语拼音，用汉语拼音给我写了第一封信。我也只好赶紧学会汉语拼音，好给他写回信。"文化大革命"期间，我被打成"黑帮"，送进"牛棚"。偶尔回家，孩子们对我还是很亲热。我的老伴告诫他们："你们要和爸爸'划清界限'。"儿子反问母亲："那你怎么还给他打酒？"只有一件事，两代之间，曾有分歧。他下放山西忻县"插队落户"，按规定，春节可以回京探亲。我们等着他回来。不料他同时带回了一个同学。他这个同学的父亲是一位正受林彪迫害，搞得人囚家破的空军将领。这个同学在北京已经没有家，按照大队的规定是不能回北京的，但是这孩子很想回北京，在一伙同学的秘密帮助下，我的儿子就偷偷地把他带回来了。他连"临时户口"也不能上，是个"黑人"，我们留他在家住，等于"窝藏"了他。公安局随时可以来查户口，街道办事处的大妈也可能举报。当时人人自危，自顾不暇，儿子惹了这么一个麻烦，使我们非常为难。我和老伴把他叫到我们的卧室,对他的冒失行为表示很不满,我责备他:"怎么事前也不和我们商量一下!"我的儿子哭了,哭得很委屈,很伤心。我们当时立刻明白了:他是对的,我们是错的。我们这种怕担干系的思想是庸俗的。我们对儿子和同学之间的义气缺乏理解,对他的感情不够尊重。他的同学在我们家一直住了四十多天,才离去。

对儿子的几次恋爱,我采取的态度是"闻而不问";了解,但不干涉。我们相信他自己的选择,他的决定。最后,他悄悄和一个小学时期的女同学好上了,结了婚。有了一个女儿,已近七岁。

我的孩子有时叫我"爸",有时叫我"老头子"! 连我的孙女也跟着叫。我的亲家母说这孩子"没大没小"。我觉得一个现代化的、充满人情味的家庭,首先必须做到"没大没小"。父母叫人敬畏,儿女"笔管条直"最没有意思。

儿女是属于他们自己的。他们的现在和他们的未来,都应由他们自己来设计。一个想用自己理想的模式塑造自己的孩子的父亲是愚蠢的,而且,可恶! 另外作为一个父亲,应该尽量保持一点童心。

1990 年 9 月 1 日

(选自《中国现当代散文三百篇》,中国社会科学出版社 2003 年版)

注　释

①金铃子:昆虫名,形似蟋蟀而小。通体金色,叫声清脆。

②狐肷(qiǎn):毛皮业上指狐狸的胸腹部和腋下的毛皮。

◎ **学习活动**

一、填一填

1. 汪曾祺(1920—1997),我国著名小说家、散文家、戏剧家,资深文化界名人。代表作品有小说(《　　　　》)和(《　　　　》)等。他还曾创作和改编了京剧(《　　　》)《王昭君》及现代京剧(《　　　　》)等。

2. 文中的"我"有双重身份,既是(　　　　　　),又是(　　　　　　)。据此,文章主体可分为两个部分,连接两部分的一个重要的词是(　　　　　　)。文章从(　　　　　　)(　　　　　　)(　　　　　　)三个方面表现了父亲的性格特征。

3. 抄写下列词语,并给加点的字注音。

麦穗(　　)　　　狐肷(　　)　　　粘牢(　　)　　　雕镂(　　)

冥衣(　　)　　　　圭峰碑(　　)　　　郿坞(　　)　　　忻县(　　)

瓜瓤(　　)　　　　衙役(　　)

4. 在括号中填入最恰当的字组成成语,并理解其含义。

疾言(　　)色　　　　栩栩如(　　)　　　人人自(　　)

自顾不(　　)　　　　笔管(　　)直

二、想一想

1. 文章的主旨句是哪一句?

2. 文章第一自然段仅有一句话,"这是我父亲的一句名言","这"指的是什么?

3. 文章写了几对"父子"? 他们之间是什么关系?

4. 从文章选材的角度看,第四自然段中"我17岁初恋,暑假里,在家写情书,他在一旁瞎出主意。我十几岁就学会了抽烟喝酒。他喝酒,给我也倒一杯。抽烟,一次抽出两根,他一根我一根。他还总是先给我点上火。"这些内容似乎有损于"父亲"形象的完美,作者为什么还要写这些内容? 谈谈你的理解。

5. "我和儿子的关系也是不错的"一句在文中的作用是什么?

6. 你怎样理解文中所说的"兄弟"式父子关系?

7. 本文艺术表现上的特点之一是细处落笔,小中见大,请概述一例。

8. "我"与父亲"多年父子成兄弟"的原因是什么? "我"与儿子"多年父子成兄弟"的原因又是什么? 两对父子之间关系的共同点有哪些?

三、说一说

1. 说说你和父亲之间的故事。你认为父子之间应该如兄弟一样吗?

2. "一门三父子,都是大文豪。诗赋传千古,峨眉共比高。""一门三父子"指的都是谁? 说说他们之间的故事。

四、写一写

写一篇《多年父子成兄弟》读后感或者"父与子"的话题作文。

五、读一读

课外阅读梁晓声的《父亲》。

项脊轩志 ｜ 归有光

◎ 小试牛刀

谜语填空

把下面的人名填在相应的谜面后面。

归有光　鲁迅　冰心　老舍　二月河　周树人　关汉卿　碧野

1. 山东来电——（　　　　　）　　2. 寒冬腊月喝冷饮——（　　　　　）

3. 百年古屋——（　　　　　）　　4. 衣锦还乡——（　　　　　）

5. 元宵前后可至江西——（　　　　　）　　6. 春天来了——（　　　　　）

7. 百年任务七天完成——（　　　　　）　　8. 囚禁张学良——（　　　　　）

◎ 开心一刻

　　唐朝大诗人刘禹锡的《陋室铭》是一篇脍炙人口的佳作,但其实这篇名文却是被"气"出来的。据资料记载:刘禹锡因革新得罪当朝权贵宠臣,被贬至安徽省和州当刺史。按当时的规定,他应住衙门里三间三厦的屋子;可是和州知县是个势利小人,他见刘禹锡被贬而来,便多方刁难,给他小鞋穿。

　　和州知县先是安排刘禹锡住在偏僻的县城南门,面江而居。刘禹锡不但不埋怨,反而很高兴,特撰写一副对联贴于房门:"面对大江观白帆,身在和州思争辩。"刘禹锡的这个举动气坏了和州知县,不但把他的住所由城南调到更僻远的城北,房屋也从三间缩小到一间半。这一间半房子位于德胜河边,附近还有一排排杨柳。刘禹锡也没有计较,依然安心住下,读书作文,并触景生情,又写了一副对联贴在新居:"杨柳青青江水边,人在历阳心在京。"知县见刘禹锡仍悠然自得,又把他的住房调到城中,而且只给一间仅能容下一床一桌一椅的房子。

　　半年时间,大诗人刘禹锡连搬三次家,住房一次比一次小,最后仅是斗室,遂愤然提笔写下了《陋室铭》一文，并请人刻于石头上，立于门前。

人间沧桑，那位知县早已化作黄土，而刘禹锡所作的《陋室铭》一文，却流传千古，至今仍是一篇脍炙人口的佳作。

你还知道古代哪位诗人作家的故事？请与大家分享。

◎ 选文

项脊轩①，旧②南阁子也。室仅方丈③，可容一人居。百年老屋，尘泥渗漉④，雨泽下注⑤；每移案⑥，顾视⑦无可置者⑧。又北向，不能得日⑨，日过午已昏⑩。余稍为修葺⑪，使不上漏。前辟四窗，垣墙周庭⑫，以当南日，日影反照，室始洞然⑬。又杂植兰桂竹木于庭，旧时栏楯⑭，亦遂增胜⑮。借书满架，偃仰啸歌，冥然兀坐⑯，万籁⑰有声；而庭阶寂寂，小鸟时来啄食，人至不去。三五之夜，明月半墙，桂影斑驳⑱，风移影动，珊珊⑲可爱。

然余居于此，多可喜，亦多可悲。

先是，庭中通南北为一。迨诸父异爨⑳，内外多置小门，墙往往而是。东犬西吠，客逾庖而宴㉑，鸡栖于厅。庭中始为篱，已为墙，凡再变矣。家有老妪，尝居于此。妪，先大母㉒婢也，乳二世㉓，先妣㉔抚之甚厚。室西连于中闺㉕，先妣尝一至。妪每谓余曰："某所，而㉖母立于兹。"妪又曰："汝姊在吾怀，呱呱而泣；娘以指叩门扉曰：'儿寒乎？欲食乎？'吾从板外㉗相为应答。"语未毕，余泣，妪亦泣。余自束发㉘读书轩中，一日，大母过余曰："吾儿，久不见若影，何竟日默默在此，大类女郎也？"比去㉙，以手阖门，自语曰："吾家读书久不效，儿之成，则可待乎！"顷之，持一象笏㉚至，曰："此吾祖太常公宣德间执此以朝，他日汝当用之！"瞻顾遗迹，如在昨日，令人长号不自禁。

轩东故尝为厨，人往，从轩前过。余扃牖㉛而居，久之，能以足音辨人。轩凡四遭火，得不焚，殆有神护者。……

余既为此志，后五年，吾妻来归。时至轩中，从余问古事，或凭几学书。吾妻归宁㉜，述诸小妹语曰："闻姊家有阁子，且何谓阁子也？"其后六年，吾妻死，室坏不修。其后二年，余久卧病无聊，乃使人复葺南阁子，其制稍异于前。然自后余多在外，不常居。

庭有枇杷树，吾妻死之年所手植也，今已亭亭如盖㉝矣。

（选自《震川先生集》，上海古籍出版社1981年版，有改动）

注 释

①项脊轩:归有光的书斋名,其远祖曾住太仓县的项脊泾,作者便以项脊为轩名。轩,小的房室。志:是"记"的意思。

②旧:旧日的,原来的。

③方丈:一丈见方。

④渗(shèn)漉(lù):从小孔慢慢漏下。

⑤雨泽下注:雨水往下灌入室内。雨泽,雨水。下,往下。

⑥案:几案,桌子。

⑦顾视:环看四周。顾,环视也。

⑧无可置者:没有可以安放桌案的地方。

⑨得日:照到阳光。

⑩昏:光线不明。

⑪修葺(qì):修补。葺,修补房屋。

⑫垣墙周庭:在庭院的四周筑起围墙。

⑬洞然:明亮的样子。

⑭栏楯(shǔn):栏杆。楯,栏杆的横木。

⑮增胜:增添光彩。

⑯冥然兀坐:静静地独自坐着。冥然,静默的样子。

⑰万籁(lài):自然界中万物发出的各种声响。籁,从孔穴中发出的声音。

⑱桂影斑驳:桂树的影子错落成斑。

⑲珊珊:亦作姗姗,女子缓缓行动的样子。

⑳迨(dài)诸父异爨(cuàn):迨,及,到。诸父,几位伯父叔父。异爨,各自起灶烧火做饭,指分家。

㉑逾庖(páo)而宴:穿过厨房去赴宴。庖,厨房。

㉒先大母:已故的祖母。先,是对已死长者的尊称。

㉓乳二世:喂养过两代人。

㉔先妣(bǐ):已故的母亲。

㉕中闺:妇女住的内室。

㉖而:同"尔",你。

㉗板外:门外。

㉘束发:成童。或说8岁,或说15岁。古代男孩成童时束发于头顶为髻。

㉙比去：临走。

㉚象笏(hù)：象牙制的手板。古代官僚朝见皇帝时手中所持的狭长板子，用以记事。用玉或象牙制成。

㉛扃(jiōng)牖(yǒu)：关上窗子。扃，门窗、箱柜上的插关，这里作动词用。牖，窗户。

㉜归宁：回娘家探亲。

㉝亭亭如盖：亭亭，高高直立的样子。如盖，形容枝叶繁盛，树冠如盖。盖，伞。

◎ 学习活动

一、填一填

1.《项脊轩志》选自（　　　）代后期著名散文家归有光的《震川先生集》，项脊轩是（　　　）名，"志"的意思是（　　　）。

2. 文中写修葺后的项脊轩月夜之景的语句是：（　　　），（　　　），（　　　），（　　　），（　　　）。

3. 给下面加点字注音。

修葺（　　）　　　　垣墙（　　）　　　　栏楯（　　）

异爨（　　）　　　　逾庖而宴（　　）　　老妪（　　）

先妣（　　）　　　　呱呱而泣（　　）　　鸡栖于厅（　　）

门扉（　　）　　　　象笏（　　）　　　　长号不自禁（　　）

扃牖（　　）

二、想一想

1. 作者善于选取生活小事和平凡场景，表现人物的音容笑貌，寄托自己的深情。说一说课文中描写了哪些平凡小事？表达了作者怎样的感情？

2. "然余居于此，多可喜，亦多可悲。"这句话在文中起到了承上启下的作用；联系上下文，说说作者有哪些喜？又有哪些悲？

3. 本文以枇杷树作结，这样写有什么好处？

三、译一译

1. 迨诸父异爨，内外多置小门，墙往往而是。

2. 妪,先大母婢也,乳二世,先妣抚之甚厚。

3. 比去,以手阖门,自语曰:"吾家读书久不效,儿之成,则可待乎!"

4. 轩凡四遭火,得不焚,殆有神护者。

5. 吾妻归宁,述诸小妹语曰:"闻姊家有阁子,且何谓阁子也?"

6. 庭有枇杷树,吾妻死之年所手植也,今已亭亭如盖矣。

亲情是棵盘根错节的树 | 雪小禅

◎ 小试牛刀

八字成语大挑战

当局者迷,(   )   眉头一皱,(   )

君子一言,(   )   只见树木,(   )

道高一尺,(   )   一波未平,(   )

百尺竿头,(   )   机不可失,(   )

前无古人,(   )   近朱者赤,(   )

金玉其外,(   )   生于忧患,(   )

明枪易躲,(   )   人无远虑,(   )

己所不欲,(   )   天网恢恢,(   )

前事不忘,(   )   精诚所至,(   )

只可意会,(   )   知无不言,(   )

宁为玉碎,(   )   江山易改,(   )

万事俱备,(   )   千里之行,(   )

书读百遍,(   )   天下兴亡,(   )

不入虎穴,(   )   不在其位,(   )

明修栈道,(   )   兵来将挡,(   )

城门失火,(   )   鞠躬尽瘁,(   )

◎ 开心一刻

乱用成语

一天,小军在教室里写作文:《我的家》。

小军这样写道:"我的家有爸爸妈妈和我三个人,每天早上一出门,我们三人就分道扬镳,各奔前程,晚上又殊途同归。爸爸是建筑师,每天在工地上指手画脚;妈妈是售货员,每天在商店里来者不拒;我是学生,每天在教室里呆若木鸡。我的家三个成员臭气相投,家中一团和气,但我成绩不好的时候,爸爸也同室操戈,心狠手辣地揍得我五体投地,妈妈在一旁袖手旁观,从不见义勇为。"

假如你是老师,应该如何帮助小军修改这篇作文中错用的成语?

◎ 选文 ★

他是3岁那年丢了的。

父亲带他去公园,不过是去上了个卫生间的工夫,让他在外边等着,当父亲出来,他人就不见了。一个女人给了他一根棒棒糖,然后说:"走,带你去找你爸爸。"他就跟着走了,这一走,就是12年。

他被人贩子拐到了四川山里,卖给一对不生育的夫妻。他们本来开个小店,可是,为了买他,倾家荡产了。

他还记得3岁时家的样子,花园洋房,德国人留下来的老房子,那时有汽车的人家少,可他们家有。

他还记得家里保姆的样子,是50多岁的老女人,给他洗澡时唱儿歌。他还记得母亲是漂亮的女人,爱穿旗袍,爱用法国香水,父亲喜欢抽雪茄烟,一家人爱在壁炉前讲故事唱俄罗斯民歌,可这些记忆是如此的模糊,以至于到了四川之后很快就被生活的贫乏渐渐冲淡了。

养父母只能维持他的温饱,但即使是这样,有一块糖,他们也会留给他吃。

10岁,他跟着养父上山采药,12岁,他会做农活,15岁,他已经是家里的顶梁柱了,这一年,历经了千辛万苦的父母,终于找到了他。

那是他第一次看到宝马车,很威风很漂亮。他躲在养父母身后,不相信这是事实。

可父母的长相和他是一样的,虽然他又黑又瘦,但基本的面貌却是那样的类似。

父母给了他的养父母10万块钱。买他时,养父母只给了3000块钱,可是3000块对于这样的一个家来说,已经是全部的家产了。

10万块,应该足够他的养父母养老了。可是,他的养父母笑着拒绝了,他们说:"是你的儿子,更是我们的儿子,儿子是无价的。"

他是流着眼泪离开的四川。

一步三回头,最后,他跪倒在养父母跟前。养父母让他走,是的,他不离开,哭喊着不走,养父母说:"走吧,回青岛吧,那里更适合你!我们希望你有大出息,不希望你窝在这山沟沟里。"

12年后,他再回到亲生父母家,一切都变了。小弟12岁,看到他,愣了半天,父母说,叫哥。弟弟叫:"哥。"

母亲牵着他的手,这双女人的手多么细腻而光滑,而养母的手是多么粗糙!弟弟撒娇,要母亲带着去吃必胜客,而他,根本不知道什么是必胜客!

弟弟带着他去洗澡,这是他第一次在这么华丽的浴室洗澡,光滑的大理石,还有雕塑,还有那闪着光亮的卫生洁具,他只在小河沟里洗过澡,哪里在这种地方洗过澡?

他不会用热水器,是弟弟教他的。第二次再用,他烫了脚,一个人躲在卫生间哭。母亲说过,不洗干净不许上床的。

他睡不习惯那软软的床。他不习惯叫爹地妈咪。他吃不习惯西餐。

……

饭桌上,他是局外人,一个人拿着辣椒吃,一吃一大把。

母亲给他买来老干妈辣椒酱,他说:"谢谢。"

母亲愣了,转过脸,哭了。

12年来,他说了一口四川腔,当然,把这份亲情全然忘记了,他只记得养父养母沧桑的容颜。

第一次考试,他全班倒数第一,弟弟正数第一,父亲去开家长会,回来对他说了两个字,丢人。

他转身就跑了,是的,他没怎么学过英语,他在四川时是第一名的,来了青岛之后,他不适应!

他跑了,跑到火车站,坐车去四川。没有钱,他扒了火车,一路上风餐露宿,到了四川,一头扎进养父母怀里,放声号啕。

待了3天,养父母赶他走了,他们说:"是因为恨铁不成钢,你爹才那样说的你啊。"

家庭贫困的他们,为了让他少吃些苦,居然给他买了张卧铺票。当他赶回青岛的家时,才发现父亲的头发几乎全白了!母亲说:"你父亲后悔得肠子都青了,他说,如果再把儿子丢了,他这一辈子可就后悔死了。"

第一次,他跪在父亲面前,说:"爸爸,我错了。"

那是他回来后第一次叫爸爸，爸爸搂着他哭了。他才知道，那心中的恨，那盘根错节的东西，叫做亲情，即使多年不见，他仍然是他的爹，她仍然是他的娘。

他仍然是自闭而内向的孩子，学习成绩虽然遥遥领先了，可仍然是自卑，考上大学之后，他居然有一种解脱的感觉。

几年之中，他叫爸爸妈妈的次数屈指可数。倒是每年春节，他一定要坐火车回四川过春节，进门就帮养母做腊肉、打扫房间，好像只是出了一趟远门。父母从来没有抱怨过他，只是说，这孩子懂得感恩呢！

大三时，养父母都去世了，他不再跑四川了，可也很少回青岛。

母亲打电话来，他总是不能开口叫那声妈。

毕业后，他留在了北京，母亲在北京开了分公司，然后说："你来帮我吧。"

那时弟弟出了国，他帮助母亲打理公司。后来，母亲回了青岛，公司全交给了他，因为有了分公司的业务，他得老跑青岛，一回青岛，一定要回家。家里只有父母了，有时回去，看到父母呆呆地看电视，他就觉得他们真的老了。

母亲说："你知道为什么要在北京开分公司吗？因为你在北京，你爸爸说，开了公司，有了业务，就能老看到儿子了，至少，他得回总部开会吧？即使是行政关系，即使是开会，只要能看到儿子，心里就是高兴的。"

那时，他的眼泪再也没有忍住。

一年之后，他关了北京的公司，带着女友回了青岛。他接管了公司，结婚后，他和父母住在了一起。

有了宝宝之后，父母坚决要替他看着，他笑着说："也没想让别人看啊，就想让爸爸妈妈看着。其实，是给你们生的，我自己，宁可丁克呢。"

父母看了他一眼说："臭小子。"

原来，亲情是一棵盘根错节的大树，即使曾经断了主干，可底下的筋，还紧紧相连啊！

（选自半月谈系列刊物《品读》2010 年第 10 期）

◎ **学习活动**

一、填一填

雪小禅，知名文化学者，中国作协会员，《读者》杂志百名签约作家之一，曾出版小说及随笔集 50 余本，其作品多次入选中学课本读物，并多次登上畅销书排行榜。

2012 年,她凭借作品(《   》)获第六届老舍文学奖。

二、写一写

抄写下列词语,并给加点的字注音。

倾家荡产(   )   粗糙(   )   雕塑(   )   风餐露宿(   )

沧桑(   )   号啕(   )   屈指可数(   )   跪倒(   )

三、读一读

阅读下列短文,回答文后问题。

寻人启事

金文吉

读寻人启事的时候,女孩正坐在长椅上,浓浓的树荫牢牢地笼罩着椅子,就像母爱,寒冷而郁闷,女孩无言。

用女孩的逻辑来讲,母亲不疼她,母亲除了爱好挣钱之外,最大的偏好就是苛求她。必须、不准、专制、独裁……是女孩给母亲的定义,并作为对母亲的代称。

离开这个没有温暖的家,女孩蓄谋已久。女孩在留下这样一张纸条后,终于把计划变成现实:"妈,我走了,按您的意思去把铁变成钢。别找我,我会活得很好。别忘了,我很漂亮。"读着留言,女孩感到报复的快意。

令女孩满意的是,母亲第二天就调动了 A 市的新闻媒体,登了寻人启事。这要花很多钱。女孩心里高兴。

你永远找不到我。女孩甩头向火车站走去。在 B 市,女孩卖报,做工,只有在离家的时候才能品味到家的温暖。

半个月后,母亲把寻人启事散发到了 B 市,这次的寻人启事颇有一些检讨书的味道:"女儿:回来吧,妈不再……不再……"女孩开始惭愧。可不能就这么投降,女孩咬咬牙又去了 C 市。每天晚上抱着有寻人启事的报纸入睡,已经成了女孩离家后的一种习惯。在 C 市的两个月里,没有新的寻人启事,女孩感到失落和不安。

后来,女孩终于在《C 市日报》上找到了与自己有关的文字,但不是寻人启事,而是一则生日祝福:"女儿,生日快乐!"短短的几个字,让女孩失眠了。

给母亲打电话!女孩第一次拨通了那个自己私下里默念了百遍、千遍的号码。"您好! 我因寻找女儿外出,请留言。"挂上电话,女孩泪流满面。

合同期总算满了,女孩风尘仆仆地赶回 A 市,她颤抖着手按响了门铃,开门的却是陌生人。原来,为了筹资找女儿,几天前,母亲卖掉房子,去了南方。

第二天,报纸上多了一则寻人启事:寻母,速归。

1. 女孩离家出走的原因是什么?试用几个词概括女孩的性格特征。

2. 为了寻找女儿,母亲分别在 A、B、C 三市刊登启事,这三则启事有什么不同?结合相关语句,说说女孩看到三则启事后的心理变化过程。

3. 文中画线处,"合同期总算满了"一句中"总算"一词能不能删去?为什么?

4. 文章以"寻人启事"为标题含义丰富,试作简要分析。

四、品一品

课外品读雪小禅经典语录,并与同学交流分享阅读心得。

1. 如果我选择,我选择喜欢,因为喜欢更长久,更绵延,更适合一个人暗自留恋,不张扬,不对抗,只是默默在一边,它不够彻底不够过瘾,但如果和时光抗衡,它一定是化骨绵掌,这千山万里路,只有喜欢,只有喜欢可以浩浩荡荡走下去呀。

2. 人生有个对手不是坏事。会让你逆风而行。你习惯了阻力后会跑得更快、飞得更高。感谢光阴赠予你的光荣与梦想,也感谢荆棘赠予你的韧性与饱满。

3. 人生的退步有时比进步更重要,因为回归到内心和本质。年龄越长,越不肯交出真心了。退到最初,守着朴素和贞淑,与时间化干戈为玉帛了。

4. 光阴早就把最美妙的东西加在了修炼它的人身上。那个美妙的东西,是清淡,是安稳,是从容不迫,也是一颗最自然的心。

5. 有时要感谢生活中的那些挫折和伤害,正是它们成就了你的隐忍、含蓄、修行。让你懂得日暮苍山之美,让你在渐渐远离那些是非和世俗时知道此中有真意,不辩亦忘言。无论何时,沉默和守口如瓶都是人生中最美好和最难以做到的境界。

6. 成长的过程是一个破茧成蝶的过程。年少的轻狂、白日放歌、纵意,随着尝遍世间毒草而克制、温润、收敛。不再向似水流年索取,而是向光阴贡献渐次低温的心,那些稍纵即逝的美都被记得,那些暴烈的邪恶渐次遗忘。与生活化干戈为玉帛,任意东西,风烟俱净,不问因果。

7. 幸福的人都喜欢沉默。一直喋喋不休说自己如何幸福的人内心一定是虚弱的。当一个人内心足够强大时,说与不说,都已无用。最重要的是,选择最适合自己的方向,一意孤行走下去。找到生命中最确定的信息——那些相似的人或事物终会走到一起,那些不相似的人或事物,终会背道而驰。

8. 不要试图倾诉。所有一切必须独自承担。没有人会真正分享你的疼痛。你必须学会微笑,然后假装疼痛不在。

9. 一个人,并不是孤独,如果你喜欢,它就是喜悦,是意境,是海棠花里寻往昔,那往昔,处处是醉人的旧光阴。

10. 真正灵魂意义上的朋友超越爱情。爱情到底是小格局的感情。好到老还如初的朋友,多久不见如同初见,每日相见仍然挂念。现在交朋友的标准几乎只剩一个:善良,有情义。而你,从始至终都是。

Chapter FOUR

第四单元

亲近自然

日月星辰、江河湖泊、山冈田野、花草树木，这些美丽的自然风光，不但留在了无数人的遐想和足印中，也留在了文人墨客的作品中。

生活中，人们远离城市的喧嚣，远离世俗的烦扰，尽情享受大自然的拥抱，去感受自然风光给予人们身心的轻松舒适。可见，人类天生就对大自然有着割不断的情愫。

大自然是人类的母亲，哺育了人类，创造了人类。人类只能敬畏自然，尊重自然，亲近自然，而不可亵渎与滥用。

自然之美，引发了多少文人墨客的浪漫情怀，给我们留下了多少关于江河山水的优美诗文。他们或寄托纵情山水的喜乐，或抒发超然物外的情怀，或表达失意伤感的落寞……那就让我们跟随本单元的脚步，走近文人，和他们一同感受大自然带给我们的心灵洗涤，让我们美丽的心灵在大自然中尽情地放飞吧。

荷塘月色 ｜ 朱自清

◎ 小试牛刀

在括号里填上恰当的形容词

（ ）的天空	（ ）的海洋	（ ）的田野
（ ）的歌曲	（ ）的山峰	（ ）的时间
（ ）的草地	（ ）的微笑	（ ）的翅膀
（ ）的清香	（ ）的游戏	（ ）的眼睛
（ ）的粮食	（ ）的身体	（ ）的身影
（ ）的尾巴	（ ）的菊花	（ ）的太阳
（ ）的歌吟	（ ）的谷粒	（ ）的商人
（ ）的麦苗	（ ）的早晨	（ ）的蜜糖
（ ）的老人	（ ）的气息	（ ）的变化
（ ）的景物	（ ）的大地	（ ）的雨露
（ ）的雷声	（ ）的江河	（ ）的宇宙
（ ）的情景	（ ）的宝库	（ ）的爪子
（ ）的蘑菇	（ ）的花坛	（ ）的池水
（ ）的港口	（ ）的长河	（ ）的树木
（ ）的春天	（ ）的夏天	（ ）的秋天
（ ）的冬天	（ ）的长腿	（ ）的沙漠
（ ）的旗帜	（ ）的城楼	（ ）的笑容
（ ）的声音	（ ）的祝福	（ ）的礼物

◎ 开心一刻

朱自清亲证"月夜蝉鸣"

1927 年 7 月,朱自清在清华园写下了著名散文《荷塘月色》。文中有这样一段话:"树缝里也露着一两点路灯光,没精打采的,是瞌睡人的眼。这时候最热闹的,要数树上的蝉声与水里的蛙声……"

30 年代,有一位陈姓的读者致函朱自清先生,认为"蝉子夜晚是不叫的"。朱自清便向周围的同事询问,出乎意料,同事大多同意那位读者的说法:蝉子夜晚不叫。但似乎不够权威,朱先生便写信请教昆虫学家刘崇乐先生。刘先生大约也没有亲身经历,便翻阅多种有关昆虫的著作。几天后,他拿出一段书中的抄文,对朱自清说:"好不容易找到这一段!"抄出的这段文章说,平常夜晚,蝉子是不叫的,但在一个月夜,作者却清楚地听到它们在叫。

拿到这样一段抄文,本来是可以成为证据的,可朱自清因为昆虫学家刘崇乐自己并没有表态,只说"好不容易找到这一段",故恐怕那段抄文只是例外,他便在复读者信时,告诉他请教了专家,专家也说夜晚蝉子不叫(是朱先生从刘崇乐先生态度上判断的),并表示,以后散文集再版,他将删掉"月夜蝉声"的句子。

过后的一两年间,此事常常萦绕于朱自清心中。他便常常夜间出外,在树间聆听。不久,竟然两次在月夜听到蝉的叫声。

抗战初期,那位陈姓的读者,发表文章时引用了朱自清给他的回信,又引了也因提到"夜间鸣蝉"招来他怀疑的王安石的诗《葛溪驿》:"缺月昏昏漏未央,一灯明灭照秋床。病身最觉风露早,归梦不知山水长。坐感岁时歌慷慨,起看天地色凄凉。鸣蝉更乱行人耳,正抱疏桐叶半黄。"

读到此文,朱自清当时便想告知那位读者,自己对昆虫学家的话有所曲解,并且自己的确有不止一次听到"月夜鸣蝉"的新经验。这不仅能为自己文章作证明,同时亦可对王安石《葛溪驿》诗怀疑的注家作一个明确的回答,因为这诗句也久无定论。

当时战事爆发,学校转移,生活匆促,朱自清就没有写出这封信。但是,自己的散文集再版时,他却没有删除"月夜蝉声"的句子。后来还专门写出文章,提及此事。

从这段文字中,能看出朱自清先生是怎样的一个人？你还知道他的哪些逸事？请百度一下吧。

◎ 选文 ★

这几天心里颇不宁静。今晚在院子里坐着乘凉,忽然想起日日走过的荷塘,在这满月①的光里,总该另有一番样子吧。月亮渐渐地升高了,墙外马路上孩子们的欢笑，已经听不见了；妻在屋里拍着闰儿②，迷迷糊糊地哼着眠歌。我悄悄地披了大衫，带上门出去。

沿着荷塘，是一条曲折的小煤屑路。这是一条幽僻的路；白天也少人走，夜晚更加寂寞。荷塘四面，长着许多树，蓊蓊郁郁③的。路的一旁，是些杨柳，和一些不知道名字的树。没有月光的晚上，这路上阴森森的，有些怕人。今晚却很好，虽然月光也还是淡淡的。

路上只我一个人，背着手踱着。这一片天地好像是我的；我也像超出了平常的自己，到了另一世界里。我爱热闹，也爱冷静；爱群居，也爱独处。像今晚上，一个人在这苍茫的月下，什么都可以想，什么都可以不想，便觉是个自由的人。白天里一定要做的事，一定要说的话，现在都可不理。这是独处的妙处，我且受用这无边的荷香月色好了。

曲曲折折的荷塘上面，弥望④的是田田⑤的叶子。叶子出水很高，像亭亭的舞女的裙。层层的叶子中间，零星地点缀着些白花，有袅娜⑥地开着的，有羞涩地打着朵儿的；正如一粒粒的明珠，又如碧天里的星星，又如刚出浴的美人。微风过处，送来缕缕清香，仿佛远处高楼上渺茫的歌声似的。这时候叶子与花也有一丝的颤动，像闪电般，霎时传过荷塘的那边去了。叶子本是肩并肩密密地挨着，这便宛然有了一道凝碧的波痕。叶子底下是脉脉⑦的流水，遮住了，不能见一些颜色；而叶子却更见风致⑧了。

月光如流水一般，静静地泻在这一片叶子和花上。薄薄的青雾浮起在荷塘里。叶子和花仿佛在牛乳中洗过一样；又像笼着轻纱的梦。虽然是满月，天上却有一层淡淡的云，所以不能朗照；但我以为这恰是到了好处——酣眠固不可少，小睡也别有风味的。月光是隔了树照过来的，高处丛生的灌木，落下参差的斑驳⑨的黑影；弯弯的杨柳的稀疏的倩影⑩，却又像是画在荷叶上。塘中的月色并不均匀；但光与影有着和谐的旋律，如梵婀玲⑪上奏着的名曲。

荷塘的四面，远远近近，高高低低都是树，而杨柳最多。这些树将一片荷塘重重围住；只在小路一旁，漏着几段空隙，像是特为月光留下的。树色一例⑫是阴阴的，乍看像一团烟雾；但杨柳的丰姿⑬，便在烟雾里也辨得出。树梢上隐隐约约的是一带远山，只有些大意罢了。树缝里也漏着一两点路灯光，没精打采的，是渴睡人的眼。这时候最热闹的，要数树上的蝉声与水里的蛙声；但热闹是它们的，我什么也没有。

忽然想起采莲的事情来了。采莲是江南的旧俗，似乎很早就有，而六朝时为盛；从诗歌里可以约略知道。采莲的是少年的女子，她们是荡着小船，唱着艳歌去

的。采莲人不用说很多,还有看采莲的人。那是一个热闹的季节,也是一个风流⑭的季节。梁元帝⑮《采莲赋》里说得好:

于是妖童媛女,荡舟心许⑯;鹢首徐回,兼传羽杯⑰;棹将移而藻挂,船欲动而萍开⑱。尔其纤腰束素,迁延顾步⑲;夏始春余,叶嫩花初,恐沾裳而浅笑,畏倾船而敛裾⑳。

可见当时嬉游的光景了。这真是有趣的事,可惜我们现在早已无福消受了。

于是又记起《西洲曲》㉑里的句子:

采莲南塘秋,莲花过人头;低头弄莲子,莲子清如水。

今晚若有采莲人,这儿的莲花也算得"过人头"了;只不见一些流水的影子,是不行的。这令我到底惦着江南了。——这样想着,猛一抬头,不觉已是自己的门前;轻轻地推门进去,什么声息也没有,妻已睡熟好久了。

1927 年 7 月,北京清华园。

(选自《朱自清散文全集》上集,江苏教育出版社 1996 年版)

注 释

①满月:圆月。

②闰儿:朱自清的次子朱闰生。

③蓊蓊(wěng wěng)郁郁:树木茂盛的样子。

④弥望:满眼。弥,满。

⑤田田:形容荷叶相连的样子。古乐府《江南曲》中有"莲叶何田田"的句子。

⑥袅娜(niǎo nuó):柔美的样子。

⑦脉脉(mò mò):这里形容水没有声音,好像深含感情的样子。

⑧风致:美的姿态。

⑨斑驳:原指一种颜色中杂有别的颜色,这里有深浅不一的意思。

⑩倩(qiàn)影:美丽的影子。倩,美丽。

⑪梵婀(ē)玲:英语"violin"的译音,即小提琴。

⑫一例:一概,一律。

⑬丰姿:即"风姿",风度仪态,一般指美好的姿态。

⑭风流:这里的意思是年轻男女不拘礼法地表露自己的爱情。

⑮梁元帝:南朝梁代皇帝萧绎,写有《采莲赋》。

⑯妖童媛(yuàn)女,荡舟心许:艳丽的少男和美貌的少女,摇着小船互相默默地传情。妖,艳丽。媛女,美女。许,默认。

⑰鷁(yì)首徐回,兼传羽杯:船慢慢地来回摇荡着,双方传递着酒杯。鷁首:古时画鷁于船头,所以把船头叫鷁首。鷁,水鸟。徐,慢慢地。回,转。兼,指双方。羽杯,酒器。

⑱櫂(zhào)将移而藻挂,船欲动而萍开:桨要划动,却被水草挂着;船要移动,就把浮萍分开了。櫂,通"棹",划船的一种工具,形状像桨。

⑲尔其纤腰束素,迁延顾步:那细细的腰肢,裹着洁白的绸子,走走退退,不住地回视自己的动作。尔其:那。迁延顾步:形容走走退退,不住地回视自己动作的样子。顾:眷顾,多情的样子。

⑳敛裾(jū):这里是提衣裳的意思。裾:衣襟。

㉑《西洲曲》:南北朝时流行于长江流域的民歌,收在《乐府诗集》的杂曲中。

◎ 学习活动

一、填一填

1. 朱自清(1898—1948),原名自华,字(　　　　　),号(　　　　　),原籍浙江绍兴,我国现代著名的(　　　　　)家、诗人、学者和民主战士。代表作品有(《　　　　　》)(《　　　　　》)《欧游杂记》等。

二、写一写

抄写下列词语,并给加点的字注音。

弥望(　　) 独处(　　) 煤屑(　　)

踱步(　　) 羞涩(　　) 袅娜(　　)

蓊郁(　　) 闰月(　　) 参差(　　)

三、说一说

阅读课文,分别找出文中作者夜游荷塘的行踪和抒写心理感受的语句,说说作者的情绪随着景物的转换发生了怎样的变化,作者笔下的景物又呈现出什么样的特点。

四、品一品

1. 将下列句子中加点的词与括号里的词作比较,体会它们不同的表达效果。

(1)曲曲折折(曲折)的荷塘上面,弥望的是田田(互相连接)的叶子。

（2）层层的叶子中间,零星地点缀(开)着些白花,有袅娜地开着(已经盛开)的,有羞涩地打着朵儿(含苞待放)的……

（3）月光如流水一般,静静地泻(照)在这一片叶子和花上。

（4）薄薄的青雾浮(升)起在荷塘里。

（5）荷塘的四面,远远近近,高高低低(远近高低)都是树,而杨柳最多。

2. 下面两个句子采用了什么修辞手法？品味其表达效果。

（1）微风过处,送来缕缕清香,仿佛远处高楼上渺茫的歌声似的。

（2）塘中的月色并不均匀;但光与影有着和谐的旋律,如梵婀玲上奏着的名曲。

五、背一背

1. 有感情地朗读全文,并背诵第四至第六自然段。

2. 背诵下列描写莲荷的名句。

（1）江南可采莲,莲叶何田田。鱼戏莲叶间。鱼戏莲叶东,鱼戏莲叶西,鱼戏莲叶南,鱼戏莲叶北。(汉乐府诗《江南》)

（2）采莲南塘秋,莲花过人头;低头弄莲子,莲子清如水。(南朝乐府民歌《西洲曲》)

（3）予独爱莲之出淤泥而不染,濯清涟而不妖。中通外直,不蔓不枝,香远益清,亭亭净植,可远观而不可亵玩焉。(周敦颐《爱莲说》)

（4）毕竟西湖六月中,风光不与四时同。接天莲叶无穷碧,映日荷花别样红。(杨万里《晓出净慈寺送林子方》)

（5）竹喧归浣女,莲动下渔舟。(王维《山居秋暝》)

（6）荷叶罗裙一色裁,芙蓉向脸两边开。乱入池中看不见,闻歌始觉有人来。(王昌龄《采莲曲》)

归去来兮辞(并序) | 陶渊明

◎ 小试牛刀

下面的古诗词名句都是描写各种花的,请填空补充完整。

1. 采(　　)东篱下,悠然见南山。(陶渊明《饮酒》)

2. 接天莲叶无穷碧,映日(　　)别样红。(杨万里《晓出净慈寺送林子方》)

3. 待到重阳日,还来就(　　)。(孟浩然《过故人庄》)

4. 小楼一夜听春雨,深巷明朝卖(　　)。(陆游《临安春雨初霁》)

5. 忽如一夜春风来,千树万树(　　)开。(岑参《白雪歌送武判官归京》)

6. 借问酒家何处有,牧童遥指(　　)村。(杜牧《清明》)

7. 沾衣欲湿(　　)雨,吹面不寒杨柳风。(志南和尚《绝句》)

8. 他年我若为青帝,报与(　　)一处开。(黄巢《题菊花》)

9. 人面不知何处去,(　　)依旧笑春风。(崔护《题都城南庄》)

10. 惟有(　　)真国色,花开时节动京城。(刘禹锡《轻肥》)

11. 颠狂柳絮随风舞,轻薄(　　)逐水流。(杜甫《漫兴》)

12. (　　)院落溶溶月,柳絮池塘淡淡风。(晏殊《寓意》)

13. 竹外(　　)三两枝,春江水暖鸭先知。(苏轼《惠崇春江晚景》)

14. 春色满园关不住,一枝(　　)出墙来。(叶绍翁《游园不值》)

◎ 开心一刻

重阳赏菊习俗的由来

东晋诗人陶渊明一生酷爱菊花,以菊为伴,号称"菊友",是个"菊迷",深得菊之佳趣,被人奉为"九月花神"。他为人正直,不为五斗米折腰,弃官后过着田园生活。每日从田间回来,他便到菊园浇水、培土、捉虫,种菊成了他最大的嗜好。陶渊明种菊既食用又观赏,每逢秋日,当菊花盛开的时候,附近的乡亲,远处的朋友,常到他家做客赏菊。陶渊明烧菊茶款待亲朋，大家走时还采菊相送，"今日送走西方客，明日又接东方朋"，来赏菊的人川流不息。他常想，要是能让菊花一日开，客人一日来，那该多好啊！后来，他灌园浇菊时，自语祝愿道："菊花如我心，九月九日开，客人知我意，重阳一同来。"说来奇怪，九月九日那天，含苞欲放的菊花真的争奇斗艳地一起盛开了。客人也都在那天来了，望着五彩缤纷、芳香四溢的满园菊花，吟诗作赋，都夸菊有情，不负陶公心。亲朋好友相约，年年重阳来赏菊，重阳赏菊的习俗便由此而兴。

你还知道我国传统节日中哪些习俗的由来？试说说看。

◎ 选文

余家贫，耕植不足以自给①。幼稚②盈室，瓶③无储粟，生生所资④，未见其术。亲故多劝余为长吏，脱然有怀⑤，求之靡途⑥。会有四方之事⑦，诸侯⑧以惠爱为德，家叔以余贫苦⑨，遂见⑩用于小邑。于时风波未静⑪，心惮远役⑫，彭泽⑬去家百里，公田之利，足以为酒，故便求之。及少日，眷然有归欤之情⑭。何则⑮？质性自然，非矫厉所得⑯。饥冻虽切，违己交病⑰。尝从人事⑱，皆口腹自役⑲。于是怅然⑳慷慨，深愧平生之志。犹望一稔㉑，当敛裳宵逝㉒。寻程氏妹丧于武昌㉓，情在骏奔㉔，自免去职。仲秋㉕至冬，在官八十余日。因事顺心㉖，命篇曰《归去来兮》。乙巳岁十一月也㉗。

归去来兮㉘，田园将芜胡不归㉙？既自以心为形役㉚，奚惆怅而独悲㉛。悟已往之不谏㉜，知来者之可追㉝。实迷途其未远㉞，觉今是而昨非㉟。舟遥遥以轻飏㊱，风飘飘而吹衣。问征夫㊲以前路，恨晨光之熹微㊳。

乃瞻衡宇，载欣载奔㊴。僮仆欢迎，稚子㊵候门。三径就荒，松菊犹存㊶。携幼入室，有酒盈樽㊷。引壶觞以自酌，眄庭柯以怡颜㊸。倚南窗以寄傲㊹，审容膝之易安㊺。园日涉以成趣㊻，门虽设而常关。策扶老以流憩㊼，时矫首而遐观㊽。云无心以出岫㊾，鸟倦飞而知还。景翳翳以将入㊿，抚孤松而盘桓[51]。

归去来兮，请息交以绝游[52]。世与我而相违，复驾言兮焉求[53]。悦亲戚之情话[54]，乐琴书以消忧。农人告余以春及[55]，将有事于西畴[56]。或命巾车[57]，或棹[58]孤舟。既窈窕以寻壑[59]，亦崎岖而经丘[60]。木欣欣以向荣，泉涓涓而始流。善万物之得时，感吾生之行休[61]。

已矣乎[62]！寓形宇内复几时，曷不委心任去留[63]？胡为乎遑遑欲何之[64]？富贵非吾愿，帝乡不可期[65]。怀良辰以孤往[66]，或植杖而耘耔[67]。登东皋以舒啸[68]，临清流而赋诗。聊乘化以归尽[69]，乐夫天命复奚疑[70]！

（选自《陶渊明集校笺》，上海古籍出版社1996年版）

注 释

①耕:耕田。植:植桑。以:来。给:供给。

②幼稚:指孩童。

③瓶:指盛米用的陶制容器、如甏(bèng)、瓮之类。

④生生:犹言维持生计。前一"生"字为动词,后一"生"字为名词。资:凭借。

⑤脱然:轻快的样子。有怀:有所思念(指有了做官的念头)。

⑥靡途:没有门路。

⑦会有四方之事:刚巧碰上有出使到外地去的事情。会,适逢。四方,意为到各处去。

⑧诸侯:指州郡长官。

⑨家叔:指陶夔(kuí),当时任太常卿。以:因为。

⑩见:被。

⑪风波:指军阀混战。静:平。

⑫惮:害怕。役:服役。

⑬彭泽:县名。在今江西省湖口县东。

⑭眷然:依恋的样子。归欤(yú)之情:回去的心情。

⑮何:什么。则:道理。

⑯质性:本性。矫厉:造作勉强。

⑰切:迫切。违己:违反自己本心。交病:指思想上遭受痛苦。

⑱尝:曾经。从人事:从事于仕途中的人事交往。指做官。

⑲口腹自役:为了满足口腹的需要而驱使自己。

⑳怅然:失意。

㉑犹:仍然。望:期待。一稔(rěn):公田收获一次。稔,谷物成熟。

㉒敛裳:收拾行装。宵:星夜。逝:离去。

㉓寻:不久。程氏妹:嫁给程家的妹妹。武昌:今湖北省鄂城县。

㉔情:吊丧的心情。在:像。骏奔:急着前去奔丧。

㉕仲秋:农历八月。

㉖事:辞官。顺:顺遂。心:心愿。

㉗乙巳岁:晋安帝义熙元年。

㉘归去来兮:意思是"回去吧"。来,助词,无义。兮,语气词。

㉙田园将芜胡不归:田园将要荒芜了,为什么不回去? 胡,同"何"。

㉚以心为形役:让心神为形体所役使。意思是本心不愿出仕,但为了免于饥

寒,违背本意做了官。心,意愿。形,形体,指身体。役,奴役。

㉛奚惆怅而独悲:为什么悲愁失意。惆怅,失意的样子。

㉜悟已往之不谏:觉悟到过去做错了的事(指出仕)已经不能改正。

㉝知来者之可追:知道未来的事(指归隐)还可以挽救。追,挽救,补救。

㉞实:确实。迷途:做官。其:大概。

㉟是:正确。非:错误。

㊱遥遥:摇摆不定的样子。以:而。飏(yáng):飞扬,形容船行驶轻快的样子。

㊲征夫:行人而非征兵之人。

㊳恨晨光之熹微:遗憾的是天刚刚放亮。恨,遗憾。熹微,微明,天未大亮。

㊴乃瞻衡宇,载欣载奔:看见自己家的房子,心中欣喜,奔跑过去。瞻,远望。衡宇,简陋的房子。

㊵稚子:幼儿。

㊶三径就荒,松菊犹存:院子里的小路快要荒芜了,松菊还长在那里。三径,院中小路。汉朝蒋诩(xǔ)隐居之后,在院里竹下开辟三径,只与少数友人来往。后人以“三径”代指隐士所居。就,近于。

㊷盈樽:满杯。

㊸眄(miǎn)庭柯以怡颜:看看院子里的树木,觉得很愉快。眄,斜看。这里是“随便看看”的意思。柯,树枝。以,为了。怡颜,使面容现出愉快神色。

㊹寄傲:寄托傲然自得的心情。傲,指傲世。

㊺审容膝之易安:觉得住在简陋的小屋里也非常舒服。审,觉察。容膝,只能容下双膝的小屋,即言其狭小。

㊻园日涉以成趣:天天到园里行走,自成一种乐趣。涉,涉足,走到。

㊼策:拄着。扶老:手杖。流憩:游息,就是没有固定的地方,到处走走歇歇。

㊽时矫首而遐观:时时抬起头向远处望望。矫,举。遐,远。

㊾云无心以出岫(xiù):云气自然而然地从山里冒出。无心,无意地。岫,有洞穴的山,这里泛指山峰。

㊿景翳(yì)翳以将入:阳光黯淡,太阳快落下去了。景,日光。翳翳,阴暗的样子。

(51)扶孤松而盘桓:手扶孤松徘徊。盘桓,盘旋,徘徊,留恋不去。

(52)息交:停止与人交往,断绝交游。意思是不再同官场有任何瓜葛。

(53)世与我而相违,复驾言兮焉求:世事与我所想的相违背,还能努力探求什么呢?驾,驾车,这里指驾车出游去追求想要的东西。言,助词。

(54)情话:知心话。

(55)春及:春天到了。

(56)将有事于西畴:西边田野里要开始耕种了。有事,指耕种之事。事,农事。畴,田地。

(57)或命巾车:有时叫上一辆有帷的小车。或,有时。巾车,有车帷的小车。

(58)棹:本义船桨,这里名词做动词,意为划桨。

(59)既窈窕以寻壑:经过幽深曲折的山谷。窈窕,幽深曲折的样子。壑,山沟。

(60)亦崎岖而经丘:走过高低不平的山路。

(61)善万物之得时,感吾生之行休:羡慕自然界万物一到春天便及时生长茂盛,感叹自己的一生行将结束。善,欢喜,羡慕。行休,行将结束。

(62)已矣乎:算了吧!助词"矣"与"乎"连用,加强感叹语气。

(63)寓形宇内复几时,曷(hé)不委心任去留:活在世上能有多久,何不顺从自己的心愿,管它什么生与死呢?寓形,寄生。宇内,天地之间。曷,何。委心,随心所欲。去留,指生死。

(64)胡为乎遑遑欲何之:为什么心神不定,想到哪里去呢?

(65)帝乡不可期:仙境到不了。帝乡,仙乡,神仙居住的地方。期,希望,企及。

(66)怀良辰以孤往:爱惜美好的时光,独自外出。怀,留恋、爱惜。良辰,指上文所说万物得时的春天。孤,独,独自外出。

(67)或植杖而耘耔:有时扶着拐杖除草培苗。耘,除草。耔,培苗。

(68)登东皋(gāo)以舒啸:登上东面的高地放声长啸。皋,高地。啸,撮口发出的长而清越的一种声音。舒,放。

(69)聊乘化以归尽:姑且顺其自然走完生命的路程。聊,姑且。乘化,随顺大自然的运转变化。归尽,到死。

(70)乐夫天命复奚疑:乐安天命,还有什么可疑虑的呢?复,还有。疑,疑虑。

学习活动

一、填一填

1. 陶渊明(365—427),(　　　)时期诗人。一名潜,字元亮,自号(　　　),世称靖节先生。他是我国(　　　)诗派第一人,其诗多描绘自然景色及其在农村生活的情景,语言质朴自然而又极为精练,被称为"古今隐逸诗人之宗"。有《陶渊明集》。

2. 欧阳修说:"晋无文章,惟陶渊明《归去来兮辞》一篇而已。""归去来兮"的意思是( )," 辞"是一种介乎于诗歌和( )之间的文体。

二、做一做

1. 正确书写下列汉字并注音。

粟( ) 靡( ) 芜( ) 熹( )

飏( ) 筋( ) 眄( ) 憩( )

矫( ) 遐( ) 岫( ) 翳( )

畴( ) 遑( ) 皋( ) 稔( )

窈( ) 窕( ) 惮( )

2. 解释下列句子中加点词语的意义。

(1) 觉今是而昨非( )

(2) 策扶老以流憩( )

(3) 请息交以绝游( )

(4) 乐琴书以消忧( )

3. 把下列句子译成现代汉语。

(1) 问征夫以前路,恨晨光之熹微。

(2) 园日涉以成趣,门虽设而常关。

(3) 善万物之得时,感吾生之行休。

三、说一说

1. 本文第一段交代作者辞官归隐的原因,其归隐的原因是什么?

2. 分析作者从哪几个方面写了归隐之乐?

3. 作者既说"请息交以绝游",而后又说"悦亲戚之情话",这是不是矛盾?该如何理解?

4. 有人说"善万物之得时,感吾生之行休"表现了一种乐尽哀来之悲,你对这句话如何理解?

5. 作者在文章结尾表达自己归隐之情时说:"聊乘化以归尽,乐夫天命复奚疑!"有人认为这句话包含悲观消极的思想。你的看法如何?请结合全篇进行探讨。

6. 结合作者的《归园田居》《五柳先生传》等,说说你心目中的陶渊明是怎样的一个人,并谈谈你对古代归隐现象的看法。

四、背一背

陶渊明诗文名句

1. 采菊东篱下,悠然见南山。山气日夕佳,飞鸟相与还。(《饮酒》)

2. 盛年不重来,一日难再晨。及时当勉励,岁月不待人。(《杂诗》)

3. 精卫衔微木,将以填沧海。刑天舞干戚,猛志固常在。(《读山海经十三首》)

4. 豁然开朗,怡然自乐,鸡犬相闻,落英缤纷,芳草鲜美。(《桃花源记》)

5. 好读书,不求甚解;每有会意,便欣然忘食。(《五柳先生传》)

6. 少无适俗韵,性本爱丘山。(《归园田居其一》)

7. 晨兴理荒秽,带月荷锄归。道狭草木长,夕露沾我衣。(《归园田居其三》)

五、写一写

将第二、三两个自然段译成现代汉语。

听听那冷雨　余光中

◎ 小试牛刀

下面的诗句都是描写雨的,请补充填空。

1. 好雨知时节,(　　　　　　　　)。随风潜入夜,(　　　　　　　　)。
(杜甫《春夜喜雨》)

2. (　　　　　　　),草色遥看近却无。最是一年春好处,(　　　　　　　)。
(韩愈《初春小雨》)

3. 一夕轻雷落万丝,(　　　　　　)。有情芍药含春泪,(　　　　　　)。
(秦观《春日》)

4. 小楼一夜听春雨,(　　　　　　　)。(陆游《临安春雨初霁》)

5. (　　　　　),路上行人欲断魂。借问酒家何处有,(　　　　　　)。
(杜牧《清明》)

6. (　　　　　),吹面不寒杨柳风。(志南和尚《绝句》)

7. (　　　　　　),野渡无人舟自横。(韦应物《滁州西涧》)

8. 黄梅时节家家雨,(　　　　　　　)。(赵师秀《约客》)

9. 君问归期未有期,(　　　　　　　)。(　　　　　　　),却话
巴山夜雨时。(李商隐《夜雨寄北》)

10. (　　　　　　),身世浮尘雨打萍。(文天祥《过零丁洋》)

◎ 开心一刻

余光中的幽默语言

一天,余光中和散文家思果谈及有次临上飞机前,他们的另一个朋友高克毅按
照西方礼节向两位女士虚拥亲颊。思想较守旧的思果再三叹道:"怎么可以这样?
当众拥吻人家的太太?"余光中立即回答说:"怎么样,当众不得,难道要私下做吗?"

余光中在美国的一所大学任教时,有一天,他讲了一首中国古诗《寻隐者不

遇》。美国的学生都很不理解，为什么中国的古诗总是缺少主语或者宾语。比如："松下问童子"，谁"松下问童子"？"言师采药去"，谁"言师采药去"？"只在此山中"，谁"只在此山中"？"云深不知处"，"云深"谁"不知处"？面对一群美国学生，余老不知道怎样去向他们解释中国的这种传统文化。余老想了想，对这一群好奇的学生说："既然你们要主语，那我就给你们主语。《我寻隐者不遇》：我松下问童子，童子言师采药去。隐者只在此山中，云深我不知隐者处。"

余光中在中山大学执教时，称女研究生们为"村姑"。毕业后女弟子们相约来为他祝寿，他对"村姑"们说："不要以为毕业离校了，老师就没用了。写介绍信啦，做证婚人啦，为宝宝取名字啦，'售后服务'还多着呢！"说得大家笑得前仰后合。

你知道《寻隐者不遇》的作者是哪个朝代的哪位诗人吗？初中时，曾学习过余光中先生一首脍炙人口的诗歌《乡愁》，你还能背诵出来吗？

◎ **选文** ★

惊蛰一过，春寒加剧。先是料料峭峭①，继而雨季开始，时而淋淋漓漓，时而淅淅沥沥，天潮潮地湿湿，即连在梦里，也似乎把伞撑着。而就凭一把伞，躲过一阵潇潇的冷雨，也躲不过整个雨季。连思想也都是潮润润的。每天回家，曲折穿过金门街到厦门街迷宫式的长巷短巷，雨里风里，走入霏霏令人更想入非非。想这样子的台北凄凄切切完全是黑白片②的味道，想整个中国整部中国的历史无非是一张黑白片子，片头到片尾，一直是这样下着雨的。这种感觉，不知道是不是从安东尼奥尼③那里来的。不过那一块土地是久违了，二十五年，四分之一的世纪，即使有雨，也隔着千山万山，千伞万伞。二十五年，一切都断了，只有气候，只有气象报告还牵连在一起。大寒流从那块土地上弥天卷来，这种酷冷吾与古大陆分担。不能扑进她怀里，被她的裾边扫一扫吧也算是安慰孺慕之情④。

这样想时，严寒里竟有一点温暖的感觉了。这样想时，他希望这些狭长的巷子永远延伸下去，他的思路也可以延伸下去，不是金门街到厦门街，而是金门到厦门。他是厦门人，至少是广义的厦门人，二十年来，不住在厦门，住在厦门街，算是嘲弄吧，也算是安慰。不过说到广义，他同样也是广义的江南人，常州人，南京人，川娃儿，五陵少年。杏花春雨江南，那是他的少年时代了。再过半个月就是清明。安东尼奥尼的镜头摇过去，摇过去又摇过来。残山剩水犹如是。皇天后土犹如是。 绘绘黔首⑤纷纷黎民⑥从北到南犹如是。那里面是中国吗？那里面当然还是中国永远是中国。只是杏花春雨已不再，牧童遥指已不再，剑门细雨⑦渭城轻尘也都已不再。然则他日思夜梦的那片土地，究竟在哪里呢？

在报纸的头条标题里吗？还是香港的谣言里？还是傅聪的黑键白键马思聪的跳弓拨弦？还是安东尼奥尼的镜底勒马洲⑧的望中？还是呢，故宫博物院的壁头和玻璃柜内，京戏的锣鼓声中太白和东坡的韵里？

杏花。春雨。江南。六个方块字，或许那片土就在那里面。而无论赤县也好神州也好中国也好，变来变去，只要仓颉⑨的灵感不灭美丽的中文不老，那形象，那磁石一般的向心力当必然长在。因为一个方块字是一个天地。太初有字，于是汉族的心灵他祖先的回忆和希望便有了寄托。譬如凭空写一个"雨"字，点点滴滴，滂滂沱沱，淅沥淅淅沥沥，一切云情雨意，就宛然其中了。视觉上的这种美感，岂是什么 rain 也好 pluie（法语，雨）也好所能满足？翻开一部《辞源》或《辞海》，金木水火土，各成世界，而一入"雨"部，古神州的天颜千变万化，便悉在望中，美丽的霜雪云霞，骇人的雷电霹雹，展露的无非是神的好脾气与坏脾气，气象台百读不厌门外汉百思不解的百科全书。

听听，那冷雨。看看，那冷雨。嗅嗅闻闻，那冷雨，舐舐吧，那冷雨。雨下在他的伞上这城市百万人的伞上雨衣上屋上天线上，雨下在基隆港在防波堤海峡的船上，清明这季雨。雨是女性，应该最富于感性。雨气空濛而迷幻，细细嗅嗅，清清爽爽新新，有一点点薄荷的香味，浓的时候，竟发出草和树沐发后特有的淡淡土腥气，也许那竟是蚯蚓和蜗牛的腥气吧，毕竟是惊蛰了啊。也许地上的地下的生命也许古中国层层叠叠的记忆皆蠢蠢而蠕，也许是植物的潜意识和梦吧，那腥气。

第三次去美国，在高高的丹佛他山居了两年。美国的西部，多山多沙漠，千里干旱。天，蓝似安格罗·萨克逊人⑩的眼睛；地，红如印第安人的肌肤；云，却是罕见的白鸟，落基山簇簇耀目的雪峰上，很少飘云牵雾。一来高，二来干，三来森林线⑪以上，杉柏也止步，中国诗词里"荡胸生层云"，或是"商略黄昏雨"⑫的意趣，是落基山上难睹的景象。落基山岭之胜，在石，在雪。那些奇岩怪石，相叠互倚，砌一场惊心动魄的雕塑展览，给太阳和千里的风看。那雪，白得虚虚幻幻，冷得清清醒醒，那股皑皑不绝一仰难尽的气势，压得人呼吸困难，心寒眸酸。不过要领略"白云回望合，青霭入看无"⑬的境界，仍须回来中国。台湾湿度很高，最饶云气氤氲⑭雨意迷离的情调。两度夜宿溪头，树香沁鼻，宵寒袭肘，枕着润碧湿翠苍苍交叠的山影和万籁都歇的岑寂，仙人一样睡去。山中一夜饱雨，次晨醒来，在旭日未升的原始幽静中，冲着隔夜的寒气，踏着满地的断柯折枝和仍在流泻的细股雨水，一径探入森林的秘密,曲曲弯弯,步上山去。溪头的山,树密雾浓,蓊郁的水汽从谷底冉冉升起,时稠时稀,蒸腾多姿,幻化无定,只能从雾破云开的空处,窥见乍现即隐的一峰半壑,要纵览全貌,几乎是不可能的。至少入山两次,只能在白茫茫里和溪头诸峰玩捉迷藏的游戏。回到台北,世人问起,除了笑而不答心自闲、故作神秘之外,实际的印象,也无非山在虚无之间罢了。云缭烟绕、山隐水迢的中国风景,由来予人宋画的韵味。那天下也许是赵家的天下,那山水却是米家的山水⑮。而究竟,是米氏父子下笔像中国的山水,还是中国的山水上纸像宋画,恐怕是谁也说不清楚了吧?

雨不但可嗅,可亲,更可以听。听听那冷雨。听雨,只要不是石破天惊的台风暴雨,在听觉上总是一种美感。大陆上的秋天,无论是疏雨滴梧桐,或是骤雨打荷叶,听去总有一点凄凉,凄清,凄楚,于今在岛上回味,则在凄楚之外,更笼上一层凄迷了。饶你多少豪情侠气,怕也经不起三番五次的风吹雨打。一打少年听雨,红烛昏沉;再打中年听雨,客舟中,江阔云低;三打白头听雨在僧庐下,这便是亡宋之痛,一颗敏感心灵的一生:楼上,江上,庙里,用冷冷的雨珠子串成。十年前,他曾在一场摧心折骨的鬼雨中迷失了自己。雨,该是一滴湿漓漓的灵魂,窗外在喊谁。

雨打在树上和瓦上,韵律都清脆可听。尤其是铿铿敲在屋瓦上,那古老的音乐,属于中国。王禹偶在黄冈,破如椽的大竹为屋瓦。据说住在竹楼上面,急雨声如瀑布,密雪声比碎玉,而无论鼓琴,咏诗,下棋,投壶,共鸣的效果都特别好⑯。这样岂不像住在竹筒里面,任何细脆的声响,怕都会加倍夸大,反而令人耳朵过敏吧。

雨天的屋瓦,浮漾湿湿的流光,灰而温柔,迎光则微明,背光则幽暗,对于视觉,是一种低沉的安慰。至于雨敲在鳞鳞千瓣的瓦上,由远而近,轻轻重重轻轻,夹着一股股的细流沿瓦槽与屋檐潺潺泻下,各种敲击音与滑音密织成网,谁的千指百指在按摩耳轮。"下雨了",温柔的灰美人来了,她冰冰的纤手在屋顶拂弄着无数的黑键啊灰键,把晌午一下子奏成了黄昏。

在古老的大陆上,千屋万户是如此。二十多年前,初来这岛上,日式的瓦屋亦是如此。先是天暗了下来,城市像罩在一块巨幅的毛玻璃里,阴影在户内延长复加深。然后凉凉的水意弥漫在空间,风自每一个角落里旋起,感觉得到,每一个屋顶上呼吸沉重都覆着灰云。雨来了,最轻的敲打乐敲打这城市,苍茫的屋顶,远远近近,一张张敲过去,古老的琴,那细细密密的节奏,单调里自有一种柔婉与亲切,滴滴点点滴滴,似幻似真,若孩时在摇篮里,一曲耳熟的童谣摇摇欲睡,母亲吟哦鼻音与喉音。或是在江南的泽国水乡,一大筐绿油油的桑叶被啃于千百头蚕,细细琐琐屑屑,口器与口器咀咀嚼嚼。雨来了,雨来的时候瓦这么说,一片瓦说千亿片瓦说,说轻轻地奏吧沉沉地弹,徐徐地叩吧挞挞地打,间间歇歇敲一个雨季,即兴演奏从惊蛰到清明,在零落的坟上冷冷奏挽歌,一片瓦吟千亿片瓦吟。

在日式的古屋里听雨,听四月,霏霏不绝的黄梅雨,朝夕不断,旬月绵延,湿黏黏的苔藓从石阶下一直侵到他舌底,心底。到七月,听台风台雨在古屋顶上一夜盲奏,千呼⑰海底的热浪沸沸被狂风挟来,掀翻整个太平洋只为向他的矮屋檐重重压下,整个海在他的蜗壳上哗哗泻过。不然便是雷雨夜,白烟一般的纱帐里听羯鼓⑱一通又一通,滔天的暴雨滂滂沛沛扑来,强劲的电琵琶忐忑忐忑忐忑忑,弹动屋瓦的惊悸腾腾欲掀起。不然便是斜斜的西北雨斜斜,刷在窗玻璃上,鞭在墙上打在阔大的芭蕉叶上,一阵寒濑泻过,秋意便弥漫日式的庭院了。

在日式的古屋里听雨,从春雨绵绵听到秋雨潇潇,从少年听到中年,听听那冷雨。雨是一种单调而耐听的音乐是室内乐是室外乐,户内听听,户外听听,冷冷,那音乐。雨是一种回忆的音乐,听听那冷雨,回忆江南的雨下得满地是江湖,下在桥上和船上,也下在四川,在秧田和蛙塘,下肥了嘉陵江,下湿布谷咕咕的啼声。雨是潮潮润润的音乐,下在渴望的唇上,舐⑲舐那冷雨。

因为雨是最最原始的敲打乐从记忆的彼端敲起。瓦是最最低沉的乐器,灰蒙蒙的温柔覆盖着听雨的人,瓦是音乐的雨伞撑起。但不久公寓的时代来临,台北你怎么一下子长高了,瓦的音乐竟成了绝响。千片万片的瓦翩翩,美丽的灰蝴蝶纷纷飞走,飞入历史的记忆。现在雨下下来下在水泥的屋顶和墙上,没有音韵的雨季。树也砍光了,那月桂,那枫树,柳树和擎天的巨椰,雨来的时候不再有丛叶嘈嘈切切,闪动湿湿的绿光迎接。鸟声减了啾啾,蛙声沉了咯咯,秋天的虫吟也减了唧唧。70年代的台北不需要这些,一个乐队接一个乐队便遣散尽了。要听鸡叫,只有去《诗经》的韵里寻找。现在只剩下一张黑白片,黑白的默片⑳。

正如马车的时代去后,三轮车的时代也去了。曾经在雨夜,三轮车的油布篷挂起,送她回家的途中,篷里的世界小得多可爱,而且躲在警察的辖区以外。雨衣的口袋越大越好,盛得下他的一只手里握一只纤纤的手。台湾的雨季这么长,该有人发明一种宽宽的双人雨衣,一人分穿一只袖子,此外的部分就不必分得太苛。而无论工业如何发达,一时似乎还废不了雨伞。只要雨不倾盆,风不横吹,撑一把伞在雨中仍不失古典的韵味。任雨点敲在黑布伞或是透明的塑胶伞上,将骨柄一旋,雨珠向四方喷溅,伞缘便旋成了一圈飞檐。跟女友共一把雨伞,该是一种美丽的合作吧。最好是初恋,有点兴奋,更有点不好意思,若即若离之间,雨不妨下大一点。真正初恋,恐怕是兴奋得不需要伞的,手牵手在雨中狂奔而去,把年轻的长发和肌肤交给漫天的淋淋漓漓,然后向对方的唇上颊上尝凉凉甜甜的雨水。不过那要非常年轻且激情,同时,也只能发生在法国的新潮片里吧。

　　大多数的雨伞想不会为约会张开。上班下班,上学放学,菜市来回的途中,现实的伞,灰色的星期三[21]。握着雨伞,他听那冷雨打在伞上。索性更冷一些就好了,他想。索性把湿湿的灰雨冻成干干爽爽的白雨,六角形的结晶体在无风的空中回回旋旋地降下来,等须眉和肩头白尽时,伸手一拂就落了。二十五年,没有受故乡白雨的祝福,或许发上下一点白霜是一种变相的自我补偿吧。一位英雄,经得起多少次雨季? 他的额头是水成岩削成还是火成岩? 他的心底究竟有多厚的苔藓? 厦门街的雨巷走了二十年与记忆等长,一座无瓦的公寓在巷底等他,一盏灯在楼上的雨窗子里,等他回去,向晚餐后的沉思冥想去整理青苔深深的记忆。前尘隔海。古屋不再。听听那冷雨。

　　　　　　　　　　　　　(选自《高速的联想》,百花文艺出版社 1997 年版)

注 释

①料料峭峭:形容春天的微寒。

②黑白片:指没有彩色的影片(区别于"彩色片")。

③安东尼奥尼:意大利当代著名电影导演,代表作有《中国》《红色沙漠》《放大》《奇遇》等。

④孺慕之情:幼童爱慕父母之情。孺,小孩。

⑤黔(qián)首:古代称老百姓。

⑥黎民:百姓,民众。

⑦剑门细雨:陆游诗《剑门道中遇微雨》名句:"此身合是诗人未? 细雨骑驴入剑门。"

⑧勒马洲:即"落马洲",位于港澳交界西段。据传说,南宋末年末代皇帝赵昺(bǐng)曾驻跸(bì)于此,行人经过必下马以示敬意,故称"落马洲"。

⑨仓颉(jié):传说中创造汉字的人。

⑩安格罗·萨克逊人:古代日耳曼人中的部落集团,原居住在欧洲中北部,后成为不列颠的主体居民。近代又散布到世界各地。后常泛指英吉利人、苏格兰人以及他们在北美、澳大利亚、南非等地的移民。

⑪森林线:森林在纬度上和海拔高度上的分布界限。

⑫商略黄昏雨:南宋姜夔《点绛唇》词:"数峰清苦,商略黄昏雨。"意思是湖上数

峰清寂愁苦，黄昏时分，正酝酿着一番雨意。商略黄昏雨，写出雨意酣浓垂垂欲下之江南烟雨风景。商略，准备，酝酿。

⑬白云回望合，青霭入看无：王维《终南山》诗句，意思是全山都弥漫着青白的云雾，连成一片。回望合，四望如一。霭，雾气。入看无，一切都消融在这雾气之中。

⑭氤氲(yīnyūn)：形容烟或云气浓郁。

⑮米家的山水：米芾与其子米友仁，皆宋代著名山水画画家，米氏画山，自成一派。画史上向有"大米、小米"或"二米"之称。由于用墨别具风致，又有"米点"之称。

⑯王禹偁(chēng)在黄冈……都特别好：宋代作家王禹偁《黄冈竹楼记》文："夏宜急雨，有瀑布声；冬宜密雪，有碎玉声；宜鼓琴，琴调虚畅；宜吟诗，诗韵清绝；宜围棋，子声丁丁然；宜投壶，矢声铮铮然：皆竹楼之所助也。"投壶，古代宴会时的一种娱乐活动，宾主依次把筹码投入壶中，以投中多少决定胜负，负者须饮酒。

⑰浔(xún)：英美制计量水深的单位。

⑱羯(jié)鼓：我国古代的一种鼓。两面蒙皮，腰部细。据说来源于羯族。

⑲舐：舔。

⑳默片：指无声影片。

㉑灰色的星期三：宗教礼仪，即"圣灰星期三"。是复活节前基督教40天大斋期的第一天。这一天在教堂礼拜时，主礼神父在信徒额上用灰画"十"字，并口诵经文："人啊，你要记住，你原来是灰，将来还要归于灰。"

◎ 学习活动

一、填一填

余光中，1928 年出生于南京，台湾著名（　　　　）、散文家、批评家、翻译家。（　　　　）是他诗中经常出现的主题，他热爱中华传统文化，热爱祖国，礼赞祖国是最（　　　）、最（　　　）的国度，要做屈原和（　　　　）的传人。

二、认一认

给下面加点的字注音。

惊蛰（　　）　　　仓颉（　　）　　　氤氲（　　）

米芾（　　）　　　王禹偁（　　）　　　羯鼓（　　）

寒濑（　　）　　　　惊悸（　　）　　　　揪住（　　）

铁锹（　　）　　　　愀然（　　）　　　　淅沥（　　　　）

啁啾（　　　　）　　　树香沁鼻（　　　）

三、说一说

1. 通读全文，作者为什么要选"雨"作为自己情感的寄托？为什么要加"冷"字？

2. 作者是从哪些角度写雨的？结合具体语句分析这些雨表达了作者怎样的感情。

3. 作者写到了少年听雨、中年听雨和白头听雨，实际上表明了什么？

4. 联系全文，谈谈你对"前尘隔海。古屋不再"的理解。

5. 在诗人余光中的眼里，雨是极具文化意韵的文化符号，本文正是用以雨为主的意象群，将远离大陆的诗人和祖国大陆、华夏五千年文化传统紧密相连，找一找文中还有哪些有关中国传统的鲜明的文化符号？

四、品一品

品读并分析下面几个句子的语言特点。

1. 点点滴滴，滂滂沱沱，淅淅沥沥淅沥。

2. 听听，那冷雨。看看，那冷雨。嗅嗅闻闻，那冷雨，舔舔吧，那冷雨。

3. 雨下在他的伞上这城市百万人的伞上雨衣上屋上天线上，雨下在基隆港在防波堤海峡的船上，清明这雨季。

4. 千片万片的瓦翩翩，美丽的灰蝴蝶纷纷飞走，飞入历史的记忆。

五、读一读

虞美人·听雨

蒋　捷

少年听雨歌楼上，红烛昏罗帐。壮年听雨客舟中，江阔云低、断雁叫西风。

而今听雨僧庐下，鬓已星星也！悲欢离合总无情，一任阶前、点滴到天明。

春江花月夜 | 张若虚

◎ 小试牛刀

在下面的括号中填上合适的量词。

一（　）国画	一（　）水井	一（　）桥
一（　）柳树	一（　）斧头	一（　）地
一（　）早晨	一（　）创举	一（　）冰
一（　）田野	一（　）寒流	一（　）老鼠
一（　）店铺	一（　）人家	一（　）礼物
一（　）鲸鱼	一（　）海啸	一（　）城堡
一（　）古诗	一（　）地震	一（　）花圃
一（　）节目	一（　）新闻	一（　）报道
一（　）技艺	一（　）石桥	一（　）学校
一（　）楼房	一（　）清泉	一（　）痴情
一（　）池水	一（　）扁舟	一（　）明月
一（　）新月	一（　）阳光	一（　）牵挂
一（　）情思	一（　）温情	一（　）心香
一（　）热情	一（　）笑谈	一（　）清茶

◎ 开心一刻

猜字谜

　　明代才子祝枝山的家里有一个花园。春天到来时，园中牡丹盛开，五色俱全。有一天，祝枝山邀了许多好友前来赏花，并且要大家从各色牡丹花中各选一株，然后评点花中之魁。一时间，众说纷纭，有的说红的，有的说紫的，有的说黄的。可是,只有唐伯虎赏而不言。大家都知道他是评花的高手,要他发表高见。唐伯虎微微一笑说:"百无一是。"大家听了很愕然,都认为唐伯虎过于狂妄,出言不逊,在这姹紫嫣红之中竟没有一株他看得上眼的牡丹花?但只有主人祝枝山听了,恍然大悟地说:"高见!高见!花中百无一是。"

同学们,你能揭开这个谜吗?

◎ 选文

春江潮水连海平,海上明月共潮生。

滟滟①随波千万里,何处春江无月明!

江流宛转绕芳甸②,月照花林皆似霰③;

空里流霜④不觉飞,汀⑤上白沙看不见。

江天一色无纤尘⑥,皎皎空中孤月轮⑦。

江畔何人初见月?江月何年初照人?

人生代代无穷已,江月年年只相似。

不知江月待何人,但见⑧长江送流水。

白云一片去悠悠,青枫浦⑨上不胜愁。

谁家今夜扁舟子⑩?何处相思明月楼⑪?

可怜楼上月徘徊⑫,应照离人⑬妆镜台⑭。

玉户⑮帘中卷不去,捣衣砧⑯上拂还来。

此时相望不相闻,愿逐月华⑰流照君。

鸿雁长飞光不度,鱼龙潜跃水成文⑱。

昨夜闲潭⑲梦落花,可怜春半不还家。

江水流春去欲尽,江潭落月复西斜。

斜月沉沉藏海雾,碣石潇湘无限路⑳。

不知乘月几人归,落月摇情满江树㉑。

(选自《全唐诗》卷二一,上海古籍出版社1986年影印版)

注 释

①滟(yàn)滟:波光荡漾的样子。

②芳甸(diàn):芳草丰茂的原野。甸,郊外之地。

③霰(xiàn):天空中降落的白色不透明的小冰粒。形容月光下春花晶莹洁白。

④流霜:飞霜,古人以为霜和雪一样,是从空中落下来的,所以叫流霜。在这里比喻月光皎洁,月色朦胧、流荡,所以不觉得有霜霰飞扬。

⑤汀(tīng):水边平地,小洲。

⑥纤尘:微细的灰尘。

⑦月轮:指月亮,因为月圆时像车轮,所以称为月轮。

⑧但见:只见,仅见。

⑨青枫浦:地名。今湖南浏阳县境内有青枫浦。这里泛指遥远偏僻的水边。

⑩扁舟子:飘荡江湖的游子。扁舟,小船。

⑪明月楼:月夜下的闺楼。这里指闺中思妇。

⑫月徘徊:指月光偏照闺楼,徘徊不去,令人不胜其相思之苦。

⑬离人:此处指思妇。

⑭妆镜台:梳妆台。

⑮玉户:形容楼阁华丽,以玉石镶嵌。

⑯捣衣砧(zhēn):捣衣石、捶布石。

⑰逐月华:追随月光。

⑱文:同"纹"。

⑲闲潭:幽静的水潭。

⑳碣石潇湘无限路:指游子、思妇相隔遥远。碣石,山名,在今河北昌黎北渤海边上。潇湘,潇水和湘水,在湖南零陵合流,北入洞庭湖。碣石代指北方,潇湘代指南方。

㉑落月摇情满江树:缭乱不宁的情思,伴随着月光的余晖散落在江边的树间。摇情,摇荡情思。

◎ 学习活动

一、填一填

《春江花月夜》是(　　　　　)代诗人张若虚的作品。此诗共(　　　　　)句,每(　　　　　)句一换韵,以富有生活气息的清丽之笔,创造性地再现了江南春夜的景色,如同月光照耀下的万里长江画卷,同时寄寓着游子思归的离别相思之苦。词清语丽,韵调优美,脍炙人口,乃千古绝唱,素有"孤篇盖全唐""盛唐第一诗""春风第一花"的美誉。被(　　　　)誉为"诗中的诗,顶峰上的顶峰"。

二、做一做

认真抄写下列词语,并给加点的字注音。

滟滟(　　)　　　芳甸(　　)　　　似霰(　　)　　　汀上(　　)

浦上(　　)　　　砧上(　　)　　　碣石(　　)　　　纤尘(　　)

纤夫(　　)　　　扁舟(　　)　　　扁担(　　)

三、说一说

1. 根据诗意,全诗可分为几个层次? 试概括出各层次大意。

2. 诗歌前八句写到了哪些意象? 营造了怎样的意境? 有何作用?

3. 诗歌最后八句,诗人用什么来烘托游子的思归之情?

4. 本诗题目共有五个字,代表五种事物,你认为作者重点写的是哪一个字? 为什么?

四、背一背

背诵这首诗。

五、比一比

盛唐诗人张九龄《望月怀远》一诗是历来为人们广泛传颂的上乘之作,试与本诗对照,分析两首诗的异同。

望月怀远

张九龄

海上生明月,天涯共此时。

情人怨遥夜,竟夕起相思。

灭烛怜光满,披衣觉露滋。

不堪盈手赠,还寝梦佳期。

雨中登泰山 | 李健吾

◎ **小试牛刀**

五岳是中国五大名山的总称。请将这五座山与对它们的称呼连线。

泰山	西岳
华山	南岳
衡山	东岳
恒山	中岳
嵩山	北岳

◎ **开心一刻**

"掏一把出来"的李健吾

李健吾先生的作品文采斐然,好评如潮,生活中的李先生却"略输文采",常常露出"傻"相来。一次他陪朋友去绍兴游玩,鲁迅家乡的山水草木令朋友惊喜异常。为使这种惊喜永远留在朋友记忆里,李健吾自告奋勇,围着朋友前后左右不停拍摄。瞧他东一张西一张的麻利样子,朋友以为他是位摄影高手,表情随之丰富异常自不消说。可回到家洗印出来一看,照片上什么都没有!原来这位主动热情为人拍照的李先生根本就不会拍照,这竟是他平生第一次摸相机!

敢作敢为、率性自然的李健吾,对后果从不去多想。巴金当年被打倒遭批判,一些聪明人纷纷避开,"傻"气的李健吾却愈发与巴金亲近起来,派自己的两个女儿先后给巴金送去800元钱。这对于在穷困中煎熬的巴金先生来说真正是雪中送炭哪!李先生用自己的"傻"气温暖着受难者的心。

多少年之后,病痛缠身的巴金常常念叨李健吾,一再深情地说:"想到健吾,我更明白,人活着不是为了'捞一把进去',而是为了'掏一把出来'","他那金子般的

116

心，是不会从人间消失的”。

你怎么理解生活中李健吾先生的"傻"气？"捞一把进去"和"掏一把出来"分别是什么意思？

◎ 选文 ★

从火车上遥望泰山，几十年来有好些次了，每次想起"孔子登东山而小鲁，登泰山而小天下"①那句话来，就觉得过而不登，像是欠下悠久的文化传统一笔债似的。杜甫的愿望："会当凌绝顶，一览众山小"②，我也一样有，惜乎来去匆匆，每次都当面错过了。

而今确实要登泰山了，偏偏天公不作美，下起雨来，淅淅沥沥，不像落在地上，倒像落在心里。天是灰的，心是沉的。我们约好了清晨出发，人齐了，雨却越下越大。等天晴吗？想着这渺茫的"等"字，先是憋闷。盼到十一点半钟，天色转白，我不由喊了一句："走吧！"带动年轻人，挎起背包，兴致勃勃，朝岱宗坊③出发了。

是烟是雾，我们辨认不清，只见灰蒙蒙一片，把老大一座高山，上上下下，裹了一个严实。古老的泰山越发显得崔嵬④了。我们才过岱宗坊，震天的吼声就把我们吸引到虎山水库的大坝前面。七股大水，从水库的桥孔跃出，仿佛七幅闪光黄锦，直铺下去，碰着嶙嶙的乱石，激起一片雪白水珠，脱线一般，洒在洄漩的水面。这里叫作虬在湾：据说虬早已被吕洞宾⑤度上天了，可是望过去，跳掷翻腾，像又回到了故居。

我们绕过虎山，站到坝桥上，一边是平静的湖水，迎着斜风细雨，懒洋洋只是欲步不前，一边却暗恶叱咤⑥，似有千军万马，躲在绮丽的黄锦底下。黄锦是方便的比喻，其实是一幅细纱，护着一幅没有经纬的精致图案，透明的白纱轻轻压着透明的米黄花纹。——也许只有织女才能织出这种瑰奇的景色。

雨大起来了，我们拐进王母庙后的七真⑦祠。这里供奉着七尊塑像，正面当中是吕洞宾，两旁是他的朋友铁拐李和何仙姑，东西两侧是他的四个弟子，所以叫作七真祠。吕洞宾和他的两位朋友倒也还罢了，站在龛里的两个小童和柳树精对面的老人，实在是少见的传神之作。一般庙宇的塑像，往往不是平板，就是怪诞，造型偶尔美的，又不像中国人，跟不上这位老人这样逼真、亲切。无名的雕塑家对年龄和面貌的差异有很深的认识，形象才会这样栩栩如生。不是年轻人提醒我该走了，我还会欣赏下去的。

我们来到雨地，走上登山的正路，一连穿过三座石坊：一天门、孔子登临处⑧和天阶。水声落在我们后面，雄伟的红门把山挡住。走出长门洞，豁然开朗，山又到了我们跟前。人朝上走，水朝下流，流进虎山水库的中溪陪我们，一直陪到二天门⑨。悬崖峻嶒⑩，石缝滴滴答答，泉水和雨水混在一起，顺着斜坡，流进山涧，涓涓的水声变成訇訇的雷鸣。有时候风过云开，在底下望见南天门，影影绰绰，耸立山头，好像并不很远；紧十八盘仿佛一条灰白大蟒，匍匐在山峡当中；更多的时候，乌云四合，层峦叠嶂⑪都成了水墨山水⑫。蹚过中溪水浅的地方，走不太远，就是有名的经石峪，一片大水漫过一亩大小的一个大石坪，光光的石头刻着一部《金刚经》⑬，字有斗来大，年月久了，大部分都让水磨平了。回到正路，雨不知道什么时候已经住了，人走了一身汗，巴不得把雨衣脱下来，凉快凉快。说巧也巧，我们正好走进一座柏树林，阴森森的，亮了的天又变黑了，好像黄昏提前到了人间，汗不但下去，还觉得身子发冷，无怪乎人把这里叫作柏洞。我们抖擞精神，一气走过壶天阁，登上黄岘岭，发现沙石全是赤黄颜色，明白中溪的水为什么黄了。

靠住二天门的石坊，向四下里眺望，我又是骄傲，又是担心。骄傲我已经走了一半的山路，担心自己走不了另一半的山路。云薄了，雾又上来。我们歇歇走走，走走歇歇，如今已经是下午四点多了。困难似乎并不存在，眼面前是一段平坦的下坡土路，年轻人跳跳蹦蹦，走了下去，我也像年轻了一样，有说有笑，跟在他们后头。

我们在不知不觉中，从下坡路转到上坡路，山势陡峭，上升的坡度越来越大。路一直是宽整的，只有探出身子的时候，才知道自己站在深不可测的山沟边，明明有水流，却听不见水声。仰起头来朝西望，半空挂着一条两尺来宽的白带子，随风摆动，想凑近了看，隔着辽阔的山沟，走不过去。我们正在赞不绝口，发现已经来到一座石桥跟前，自己还不清楚是怎么一回事，细雨打湿了浑身上下。原来我们遇到另一类型的飞瀑，紧贴桥后，我们不提防，几乎和它撞个正着。水面有两三丈宽，离地不高，发出一泻千里的龙虎声威，打着桥下奇形怪状的石头，口沫喷得老远。从这时候起，山涧又从左侧转到右侧，水声淙淙，跟我们跟到南天门。

过了云步桥，我们开始走上攀登泰山主峰的盘道。南天门应该近了，由于山峡回环曲折，反而望不见了。野花野草，什么形状也有，什么颜色也有，挨挨挤挤，芊芊莽莽⑭，要把巉岩⑮的山石装扮起来。连我上了一点岁数的人，也学小孩子，掐了一把，直到花朵和叶子全蔫⑯了，才带着抱歉的心情，丢在山涧里，随水漂去。但是把人的心灵带到一种崇高的境界的，却是那些"吸翠霞而夭矫"⑰的松树。它们不怕山高，把根扎在悬崖绝壁的隙缝，身子扭得像盘龙柱子，在半空展开枝叶，像是和狂风鸟云争夺天日,又像是和清风白云游戏。有的松树望穿秋水,不见你来,独自上到高处,斜着身子张望。有的松树像一顶墨绿大伞,支开了等你。有的松树自得其乐,显出一副潇洒的模样。不管怎么样,它们都让你觉得它们是泰山的天然的主人,谁少了谁,都像不应该似的。雾在对松山的山峡飘来飘去,天色眼看黑将下来。我不知道上了多少石级,一级又一级,是乐趣也是苦趣,好像从我有生命以来就在登山似的,迈前脚,拖后脚,才不过走完慢十八盘。我靠住升仙坊,仰起头来朝上望,紧十八盘仿佛一架长梯,搭在南天门口。我胆怯了。新砌的石级窄窄的,搁不下整脚。怪不得东汉的应劭^⑱引用马第伯在《封禅仪记》里的话,这样形容:"仰视天门,窄辽^⑲如从穴中视天,直上七里,赖其羊肠透迤,名曰环道,往往有缒索^⑳,可得而登也。两从者扶掖,前人相牵,后人见前人履底,前人见后人顶,如画重累人^㉑矣。所谓磨胸舁^㉒石,扪天之难也。"一位老大爷,斜着脚步,穿花一般,侧着身子,赶到我们前头。一位老大娘,挎着香袋,尽管脚小,也稳稳当当,从我们身边过去。我像应劭说的那样,"目视而脚不随",抓住铁扶手,揪牢年轻人,走十几步,歇一口气,终于在下午七点钟,上到南天门。

　　心还在跳,腿还在抖,人到底还是上来了。低头望着新整然而长极了的盘道,我奇怪自己居然也能上来。我走在天街上,轻松愉快,像一个没事人一样。一排留宿的小店,没有名号,只有标记,有的门口挂着一只笊篱,有的窗口放着一对鹦鹉,有的是一根棒槌,有的是一条金牛,地方宽敞的摆着茶桌,地方窄小的只有炕儿,后墙紧贴着峥嵘的山石,前脸正对着万丈的深渊。别成一格的还有那些石头。古诗人形容泰山,说"泰山岩岩"^㉓,注解人告诉你:岩岩,积石貌。的确这样,山顶越发给你这种感觉。有的石头像莲花瓣,有的像大象头,有的像老人,有的像卧虎,有的错落成桥,有的兀立如柱,有的侧身探海,有的怒目相向。有的什么也不像,黑乎乎的,一动不动,堵住你的去路。年月久,传说多,登封台让你想象帝王拜山的盛况,一个光秃秃的地方会有一块石碣,指明是"孔子小天下处"。有的山池叫作洗头盆,据说玉女往常在这里洗过头发;有的山洞叫作白云洞,传说过去往外冒白云,如今不冒白云了,白云在山里依然游来游去。晴朗的天,你正在欣赏"齐鲁青未了"^㉔,忽然一阵风来,"荡胸生层云"^㉕,转瞬间,便像宋之问^㉖在《桂阳三日述怀》里说起的那样,"云海四茫茫"。是云吗?头上明明另有云在。看样子是积雪,要不也是棉絮堆,高高低低,连续不断,一直把天边变成海边。于是阳光掠过,云海的银涛像镀了金,又像着了火,烧成灰烬,不知去向,露出大地的面目。两条白线,曲曲折折,是溁河,是汶^㉗河。一个黑点子在碧绿的图案中间移动,仿佛蚂蚁,又冒一缕青烟。你正在指手画脚,说长道短,虚象和真象一时都在雾里消失。

我们没有看到日出的奇景。那要在秋高气爽的时候。不过我们也有自己的独得之乐:我们在雨中看到的瀑布,两天以后下山,已经不那样壮丽了。小瀑布不见,大瀑布变小了。

我们沿着西溪,翻山越岭,穿过果香扑鼻的苹果园,在黑龙潭附近待了老半天。不是下午要赶火车的话,我们还会待下去的。山势和水势在这里别是一种格调,变化而又和谐。

山没有水,如同人没有眼睛,似乎少了灵性。我们敢于在雨中登泰山,看到有声有势的飞泉流布,倾盆大雨的时候,恰好又在斗母宫躲过,一路行来,有雨趣而无淋漓之苦,自然也就格外感到意兴盎然。

(选自《李健吾散文选集》,百花文艺出版社2012年版)

注 释

①孔子登东山而小鲁,登泰山而小天下:出自《孟子·尽心上》。东山,即蒙山,在山东省蒙阴县南边。小,作动词用,以为小。鲁,春秋时的一个国家,在今山东省境内。

②会当凌绝顶,一览众山小:意思是当登上泰山的顶峰,那时一览四周的山峦,看起来就会显得矮小了。这两句诗和下文引用的"齐鲁青未了""荡胸生层云"都出自杜甫《望岳》诗。

③岱宗坊:泰山下的一座牌坊。岱,泰山的别名。宗,首,大。泰山是五岳之首,所以名岱宗。

④崔嵬(wéi):高大。

⑤吕洞宾:相传是唐末进士,后来修道成仙,称为吕纯阳。吕洞宾、李铁拐和何仙姑是传说中八仙里的三位。

⑥喑(yīn)恶叱咤(chì zhà):厉声怒喝。

⑦七真:即七仙。

⑧孔子登临处:传说是孔子登泰山到过的地方。

⑨二天门:又叫中天门。

⑩崚嶒(líng céng):高耸突兀的样子。

⑪层峦叠嶂:重重叠叠的山峰。嶂,像屏障一样的山峰。

⑫水墨山水:只用水墨不着色的中国山水画。

120

⑬《金刚经》:佛教经典,这里是北魏时的摩崖石刻。

⑭芊芊(qiān qiān)莽莽:草木茂盛的样子。

⑮巉(chán)岩:高而险的山岩。

⑯蔫(niān):花木、水果等因失去所含的水分而萎缩。

⑰吸翠霞而夭矫:出自晋代郭璞的《江赋》。夭矫,屈伸的样子。

⑱应劭:东汉末期人,著名学者,文人。

⑲窈(yào)辽:深远。窈,深、幽。辽,遥远。

⑳绠(gēng)索:粗绳索。

㉑重累(chóng lěi)人:人一个叠着一个。累,叠。

㉒舁(yú):抬。

㉓泰山岩岩:出自《诗经·鲁颂·闷宫》。

㉔齐鲁青未了:意思是向南北两边看,都看不尽泰山的青色,形容泰山的高大。齐,春秋战国时的一个国名。齐在泰山北,鲁在泰山南。未了,没有完毕,没有尽。

㉕荡胸生层云:意思是山中层云升腾,涤荡着心胸。这是倒装句式。

㉖宋之问:唐代著名诗人。

㉗汶:读 wèn。

◎ 学习活动

一、填一填

李健吾(1906—1982),山西运城人,中国(　　　　)代著名作家、戏剧家、文艺评论家。他的散文清新质朴,真挚隽永。学者王克煜把此文和姚鼐的《登泰山记》、杨朔的《泰山极顶》以及冯骥才的(《　　　　　　　》)誉为泰山四大著名散文。

二、做一做

1. 正确书写下列词语,并给加点的字注音。

崔嵬(　　)　　　　喑恶(　　)　　　　绮丽(　　)　　　　神龛(　　)

芊芊(　　)　　　　打蔫(　　)　　　　提防(　　)　　　　模样(　　)

2. 解释下列词组或短语中"泰山"的含义。

(1)泰山北斗:

(2)泰山压卵:

(3)泰山其颓：

(4)重于泰山：

(5)泰山鸿毛：

(6)有眼不识泰山：

(7)泰山压顶：

三、说一说

1. 找出文中和"雨"有关的文字，说说雨中登泰山与平时的不同之处。

2. 认真研读选文，请以时间为序，写出作者沿途所过景点名称。

3. 课文开头引"孔子登东山而小鲁，登泰山而小天下"，又引杜甫诗句"一览众山小"，用意何在？中间写攀登艰难有无必要？结尾部分"敢于"一词能否删去？

四、写一写

1. 用移步换景的方法描写一个地方的景色（如公园、小区、学校等）。

2. 作者把人生比作登山，试联系自己的实际谈谈感想，写一则读书笔记。

Chapter FIVE

第五单元 生命如歌

生命是美好的，它如同一首歌。

生命是上苍赐予我们的最珍贵的礼物，拥有生命是多么幸运和风光的事。

生命的过程是多么神奇，因为我们享受着生命所给予自己的一切。无论我们的一生怎样度过，我们都应该真心地感激生命。因为有生命，我们才能领略大自然的神奇；因为有生命，我们才能参与人世间的一切故事；因为有生命，我们才能体验人世间的一切美好。

生命如一首歌，声调高下起伏，旋律顿挫抑扬。

无论天晴也好，天阴也罢，只要用欣赏的眼光去看，生命总是美妙的；无论成功也好，失败也罢，只要用平和的心态去体味，生命总是富有情趣的。

生命如一首歌，节奏或低回舒缓，或激越高亢。

人生充满了情趣，也充满了坎坷，无论辉煌也好，平淡也罢，只要充实过，生命就是有意义的；无论得意也好，失意也罢，只要有亲朋好友的陪伴，生命就是美好的。

如歌的行板　|　席慕蓉

◎ 小试牛刀

歇后语填空

例句：骑驴看唱本———走着瞧

请模仿例句填写歇后语的后半部分。

1. 包公断案———（　　　　　　　　　　　）

2. 煮熟的鸭子———（　　　　　　　　　）

3. 鼻子里插葱———（　　　　　　　　　）

4. 坐飞机演讲———（　　　　　　　　　）

5. 棉花里藏针———（　　　　　　　　　）

6. 门缝里瞧人———（　　　　　　　　　）

7. 盲人买喇叭———（　　　　　　　　　）

8. 背着手爬泰山———（　　　　　　　　）

9. 嘴巴上挂油瓶———（　　　　　　　　）

10. 魔术师变戏法———（　　　　　　　　）

11. 猪八戒照镜子———（　　　　　　　　）

12. 高射炮打蚊子———（　　　　　　　　）

13. 茶壶里煮饺子———（　　　　　　　　）

14. 醉翁之意不在酒———（　　　　　　　）

15. 朝着窗外吹喇叭———（　　　　　　　）

16. 八月十五看龙灯———（　　　　　　　）

17. 丢了西瓜捡芝麻———（　　　　　　　）

18. 白娘子喝了雄黄酒———（　　　　　　　）

◎ 开心一刻

"大败"还是"大胜"

有位美国朋友访问了中国后,对翻译说:"你们中国太奇妙了,尤其是文字方面。譬如:'中国队大胜美国队',是说中国队胜了;而'中国队大败美国队',又是说中国队胜了。总之,胜利永远属于你们。"

这类现象在汉语中还有很多,你能再举几个例子吗?

◎ 选文

一定有些什么
是我所不能了解的
不然 草木怎么都会
循序生长
而候鸟都能飞回故乡

一定有些什么
是我所无能无力的

不然 日与夜怎么交替得
那样快 所有的时刻
都已错过 忧伤蚀我心怀

一定有些什么 在叶落之后
是我所必须放弃的

是十六岁时的那本日记
还是 我藏了一生的
那些美丽的如山百合般的秘密

(选自《席慕蓉诗集》,作家出版社 2010 年版)

◎ 学习活动

一、填一填

　　席慕蓉,1943 年出生,全名穆伦·席连勃,当代画家、(　　　　　)。著有诗集、散文集、画册及选本等五十余种,《七里香》(《　　　　　　　》《　　　　　　　》)等诗篇脍炙人口,成为经典。

　　席慕蓉的作品多写(　　　　)(　　　　)(　　　　),写得极美,淡雅剔透,抒情灵动,饱含着对生命的挚爱真情,影响了整整一代人的成长历程。

二、想一想

　　1. 这首诗是什么样的情感基调?

　　2. 诗中都写到了哪些物象?

　　3. 诗中三次以"一定有些什么"作为段落的首句,表现了作者怎样的情绪?

三、听一听

　　听一听柴可夫斯基的经典名曲《如歌的行板》,谈谈你听后的感受。

四、读一读

　　朗读席慕蓉的《一棵开花的树》和《青春》,体会作者在诗歌方面的创作风格。

一棵开花的树

如何让我遇见你

在我最美丽的时刻

为这

我已在佛前求了五百年

求佛让我们结一段尘缘

佛于是把我化做一棵树

长在你必经的路旁

阳光下

慎重地开满了花

朵朵都是我前世的盼望

当你走近
请你细听
那颤抖的叶
是我等待的热情

而当你终于无视地走过
在你身后落了一地的
朋友啊
那不是花瓣
那是我凋零的心

青 春

所有的结局都已写好
所有的泪水也都已启程
却忽然忘了是怎么样的一个开始
在那个古老的不再回来的夏日

无论我如何地去追索
年轻的你只如云影掠过
而你微笑的面容极浅极浅
逐渐隐没在日落后的群岚

遂翻开那发黄的扉页
命运将它装订得极为拙劣
含着泪
我一读再读
却不得不承认
青春是一本太仓促的书

五、写一写

你能否仿照本诗写一首表达自己情感的小诗?

一朵小花 ｜ [俄]普希金

小试牛刀

反义词填空

例如：大(是)大(非)　惩(前)毖(后)　推(陈)出(新)

请在下列词语的括号中填上反义词。

化( )为( )	颠倒( )( )	三( )两( )
( )斩( )奏	( )行( )效	( )( )倒置
( )思( )想	( )经( )义	忆( )思( )
( )题( )做	( )张( )望	( )见( )怪
舍( )求( )	舍( )逐( )	( )( )相关
( )( )维谷	喧( )夺( )	( )曲( )工
因( )得( )	( )赴( )继	( )( )分明
兴( )除( )	名( )实( )	( )古( )今
( )三( )四	承( )启( )	( )应( )和
扶( )携( )	( )( )两难	( )里逃( )
一( )所( )	一( )永( )	( )顾( )盼
( )材( )用	( )离( )别	争( )恐( )
惊( )动( )	声( )击( )	转( )为( )
积( )成( )	七( )八( )	( )争( )斗
( )差( )错	九( )一( )	( )嘲( )讽
( )呼( )叹	( )惊( )怪	( )腔( )调

◎ 开心一刻

打油诗

整个学期全荒废,临近考试全心碎,一周时间全没睡,考试之前全在背,走进考场全崩溃,拿到卷子全流泪,背的东西全不考,考的东西全不会!

什么是打油诗?你能不能即兴创作一首打油诗或说出一首你熟悉的比较搞笑的打油诗?

◎ 选文

我看见一朵被遗忘在书本里的小花,
它早已干枯,失掉了芳香;
就在这时,
我的心灵里充满了一个奇怪的幻想:

它开在哪儿?什么时候?是哪一个春天?
它开得很久吗?是谁摘下来的,
是陌生的或者还是熟识的人的手?
为什么又会被放到这儿来?

是为了纪念温存的相会,
或者是为了命中注定的离别之情,
还是为了纪念孤独的漫步
在田野的僻静处,在森林之荫?

他是否还活着,她也还活着吗?
他们现在栖身的一角又在哪儿?
或者他们也都早已枯萎,
就正像这朵无人知的小花?

(选自《我记得那美妙的瞬间》,花城出版社 2012 年版,戈宝权译)

◎ 学习活动

一、填一填

普希金,19 世纪俄国伟大的(　　　　　　),现代俄国文学的奠基人。代表作主要有诗歌(《　　　　　　》《　　　　　　》《　　　　　　》)等,诗体小说《叶甫盖尼·奥涅金》,中篇小说(《　　　　　　》)等。

二、想一想

1. 这首诗的风格是什么?

2. 诗中的"小花"给你留下了什么印象?

3. 读完这首诗,你能联想到什么事情或者哪些美好的回忆?

三、说一说

说说你读过的其他写花草的诗歌,并对比各首诗的不同风格。

四、读一读

赏析普希金的《假如生活欺骗了你》,谈谈你的感受。

假如生活欺骗了你

假如生活欺骗了你
不要悲伤,不要心急!

忧郁的日子里须要镇静:
相信吧! 快乐的日子将会来临。

心永远向往着未来,
现在却常是忧郁。

一切都是瞬间,一切都将过去;
而那过去了的,就会成为亲切的怀恋。

五、写一写

尝试写一篇描写或赞美你喜欢的一种花卉的散文。

跨越百年的美丽 | 梁 衡

◎ 小试牛刀

数字俗语填空

例句:表示实实在在,不可更改时,用(一是一,二是二)。

1. 表示做事不考虑周到,干了再说时,用(　　　　　)。

2. 表示一样东西两人平分时,用(　　　　　)。

3. 表示做事干净利落时,用(　　　　　)。

4. 表示几乎接近时,用(　　　　　)。

5. 表示某人打小算盘时,用(　　　　　)。

6. 表示归根到底时,用(　　　　　)。

7. 表示绝大多数,大致不差时,用(　　　　　)。

8. 表示很不容易时,用(　　　　　)。

9. 表示信心十足时,用(　　　　　)。

10. 表示距离远时,用(　　　　　)。

◎ 开心一刻

清华演讲:实话实说论做官

2006 年 6 月,梁衡在清华大学演讲时,有学生提问:"如果有来生,你选择做什么?"他答道:"做官。"台下哄堂大笑。他接着解释说:"我敢于这样说是因为我这个年龄和身份已经不会被人误解为有什么野心。现在,'权'和'官'的名声都给弄坏了。其实官和权从来都是为了给民办事的,是为了实现自身最大抱负的。大官大权易成大业,这是客观事实。要不为什么历代、现在都有那么多人抢着做官,而且官员中出的名人、伟人总比平民中出的多？你不能说人家都是有私心。有理想的年轻人，要敢于说出这样的话，做一个心忧天下，有贡献，有成就，经得起百姓评说的官。许多整天跑官的人，反而不敢说这句话。"

你了解梁衡《文章五诀》的内容吗？请百度一下吧！

◎ 选文 ☆

1998 年是居里夫人发现放射性元素镭一百周年。

一百年前的 1898 年 12 月 26 日，法国科学院人声鼎沸，一位年轻漂亮、神色庄重又略显疲倦的妇人走上讲台，全场立即肃然无声。她叫玛丽·居里，她今天要和她的丈夫比埃尔·居里一起在这里宣布一项惊人发现，他们发现了天然放射性元素镭。本来这场报告，她想让丈夫来作，但比埃尔·居里坚持让她来讲，因为在此之前还没有一个女子登上过法国科学院的讲台。玛丽·居里穿着一袭黑色长裙，白净端庄的脸庞显出坚定又略带淡泊的神情，而那双微微内陷的大眼睛，则让你觉得能看透一切，看透未来。她的报告使全场震惊，物理学进入了一个新时代，而她那美丽庄重的形象也就从此定格在历史上，定格在每个人的心里。

关于放射性的发现，居里夫人并不是第一人，但她是关键的一人。在她之前，1896 年 1 月，德国科学家伦琴发现了 X 光，这是人工放射性；1896 年 5 月，法国科学家贝克勒尔发现铀盐可以使胶片感光，这是天然放射性。这都还是偶然的发现，居里夫人却立即提出了一个新问题，其他物质有没有放射性？物质世界里是不是还有另一块全新的领域？别人在海滩上捡到一块贝壳，她却要研究一下这贝壳是怎样生、怎样长、怎样冲到海滩上来的，别人摸瓜她寻藤，别人摘叶她问根。是她提出了放射性这个词。两年后，她发现了钋，接着发现了镭，冰山露出了一角。为了提炼纯净的镭，居里夫妇搞到一吨可能含镭的工业废渣。他们在院子里支起了一口锅，一锅一锅地进行冶炼，然后再送到化验室溶解、沉淀、分析。而所谓的化验室是一个废弃的、曾停放解剖用尸体的破棚子。玛丽终日在烟熏火燎中搅拌着锅里的矿渣，她衣裙上、双手上，留下了酸碱的点点烧痕。一天，疲劳至极，玛丽揉着酸痛的后腰，隔着满桌的试管、量杯问比埃尔："你说这镭会是什么样子？"比埃尔说："我只是希望它有美丽的颜色。"经过 3 年又 9 个月，他们终于从成吨的矿渣中提炼出了 0.1 克镭。它真的有极美丽的颜色，在幽暗的破木棚里发出略带蓝色的荧光。它还会自动放热，一小时放出的热能溶化等重的冰块。

旧木棚里这点美丽的淡蓝色荧光，是用一个美丽女子的生命和信念换来的。

这项开辟科学新纪元的伟大发现好像不该落在一个女子头上。千百年来,漂亮就是一个女人的最高荣誉、最大资本,只要有幸得到这一点,其余便不必再求了。莫泊桑在他的名著《项链》中说:"女人并无社会等级,也无种族差异;她们的姿色、风度和妩媚就是她们身世和门庭的标志。"居里夫人是属于那一类很漂亮的女子,她的肖像如今挂遍世界各国的科研教学机构,我们仍可看到她昔日的风采。但是她偏偏没有利用这一点资本,她的战胜自我也恰恰就是从这一点开始的。当她还是个小学生时就显示出上帝给她的优宠,漂亮的外貌已足以使她讨得周围所有人的喜欢。但她的性格里天生还有一种更可贵的东西,这就是人们经常加于男子汉身上的骨气。她坚定、刚毅,有远大、执著的追求。为了不受漂亮的干扰,她故意把一头金发剪得很短,她对哥哥说:"毫无疑问,我们家里的人有天赋,必须使这种天赋由我们中的一个表现出来!"她中学毕业后在城里和乡下当了七年家庭教师,积攒了一点学费便到巴黎来读书。当时大学里女学生很少,这个高额头、蓝眼睛、身材修长的漂亮的异国女子,很快成了人们议论的中心。男学生们为了能更多地看她一眼,或有幸凑上去说几句话,常常挤在教室外的走廊里,她的女友甚至不得不用伞柄赶走这些追慕者。但她对这种热闹不屑一顾,她每天到得最早,坐在前排,给那些追寻的目光一个无情的后脑勺。她身上永远裹着一层冰霜的盔甲,凛然使那些"追星族"不敢靠近。她本来住在姐姐家中,为了求得安静,便一人租了间小阁楼,一天只吃一顿饭,日夜苦读。晚上冷得睡不着,就拉把椅子压在身上,以取得一点感觉上的温暖。这种心无旁骛、悬梁刺股、卧薪尝胆的进取精神,就是一般男子也是很难做到的啊。宋玉说有美女在墙头看他三年而不动心;范仲淹考进士前在一间破庙里读书,晨起煮粥一碗,冷后划作四块,是为一天的口粮。而在地球那一边的法国,一个波兰女子也这样心静,这样执著,这样地耐得苦寒。她以 25 岁的妙龄,面对追者如潮而不心动。她只要稍微松一下手,回一下头,就会跌回温软的怀抱和赞美的泡沫中,但是她有大志,有大求,她知道只有发现、创造之花才有永开不败的美丽。所以她甘愿让酸碱啃蚀她柔美的双手,让呛人的烟气吹皱她秀美的额头。

本来玛丽·居里完全可以换另外一种活法。她可以趁着年轻貌美如现代女孩吃青春饭那样,在钦羡和礼赞中活个轻松,活个痛快。但是她没有,她知道自己更深一层的价值和更远一些的目标。成语"浅尝辄止"是指人对外部世界的认识,殊不知有多少人对自己也常是浅尝辄止,见宠即喜。数年前一位母亲对我说她刚上初中的女儿成绩下降,为什么? 答曰:"知道爱美了,上课总用铅笔杆做她的卷卷头。"美对人来说是一种附加,就像格律对诗词也是一种附加。律诗难作,美人难为,做得好惊天动地,做不好就黄花萎地。玛丽·居里让全世界的女子都知道,她们除了"身世"和"门庭"之外,还有更重要的东西。

1852 年斯托夫人写了一本《汤姆叔叔的小屋》,导致了美国南北战争的爆发,林肯说是一个小妇人引发了一场解放黑奴的大革命。比斯托夫人约晚 50 年,居里夫人发现了镭,也是一个小妇人引发了一场革命,科学革命。它直接导致了后来卢瑟夫对原子结构的探秘,导致了原子弹的爆炸,导致了原子时代的到来。更重要的是这项发现的哲学意义。哲学家说事物无时无刻不在变;西方哲人说,人不能两次踏进同一条河流;公元 1082 年东方哲人苏东坡赤壁望月长叹道:"盖将自其变者而观之,则天地曾不能以一瞬;自其不变者而观之,则物与我皆无尽也。"现在,居里夫人证明镭便是这样"不能以一瞬"而存在的物质,它会自己不停地发光、放热、放出射线,能灼伤人的皮肤,能穿透黑纸使胶片感光,能使空气导电,它刹那间是自己又不是自己。哲理就渗透在每个原子的毛孔里。玛丽·居里几乎在完成这项伟大自然发现的同时也完成了对人生意义的发现。她也在不停地变化着,当工作卓有成效的同时,镭射线也在无声地侵蚀着她的肌体。她美丽健康的容貌在悄悄地隐退,她逐渐变得眼花耳鸣,苍白乏力。而比埃尔不幸早逝,社会对女性的歧视更加重了她生活和思想上的沉重负担。但她什么也不管,只是默默地工作。她从一个漂亮的小姑娘,一个端庄坚毅的女学者,变成科学教科书里的新名词"放射线",变成物理学的一个新计量单位"居里",变成一条条科学定理,她变成了科学史上一块永远的里程碑。"自其不变者而观之",她得到了永恒。"长恨春归无觅处,不知转入此中来",就像化学的置换反应一样,她的青春美丽换位到了科学教科书里,换位到了人类文化的史册里。

居里夫人的美名从她发现镭那一刻起就流传于世,迄今已经百年,这是她用全部的青春、信念和生命换来的荣誉。她一生共得了 10 项奖金、16 种奖章、107 个名誉头衔,特别是两次诺贝尔奖。她本来可以躺在任何一项大奖或任何一个荣誉上尽情地享受,但是她视名利如粪土,她将奖金赠给科研事业和战争中的法国,而将那些奖章送给 6 岁的小女儿去当玩具。上帝给的美形她都不为所累,尘世给的美誉她又怎肯背负在身呢?凭谁论短长,漫将浮名换了精修细研,她一如既往,埋头工作到 67 岁离开人世,离开了她心爱的实验室。直到她死后 40 年,她用过的笔记本里,还有射线在不停地释放。爱因斯坦说:"在所有的世界著名人物当中,玛丽·居里是唯一没有被盛名宠坏的人。"她实事求是,超形脱俗,知道自己的目标,更知道自己的价值。在一般人要做到这两个自知,排除干扰并终生如一,是很难很难的,但居里夫人做到了。她让我们明白,人有多重价值,是需要多层开发的。有的人止于形,以售其貌;有的人止于勇,而呈其力;有的人止于心,而有其技;有的人达于理,而用其智。诸葛亮戎马一生,气吞曹吴,却不披一甲,不佩一刃;毛泽东指挥军民万众,在战火中打出一个新中国,却从不受军衔,不背一枪。大音希声,大道无形,大智之人,不耽于形,不逐于力,不持于技。他们淡淡地生活,静静地思考,执著地进取,直进到智慧高地,自由地驾驭规律,而永葆一种理性的美丽。

居里夫人就是这样一位挺立在智慧高地的伟人。

(选自《英才》1994年第4期,有改动)

◎ 学习活动

一、写一写

根据拼音写出汉字,给加点的字注音。

人声 dǐng(　　)沸　　　　烟 xūn(　　)火燎　　　　黄花 wěi(　　)地

啃蚀(　　)　　　　心无旁骛(　　)　　　　浅尝辄(　　)止

二、想一想

1. 居里夫人的优秀品质有哪些?

2. 年轻人从居里夫人的事迹中可以得到什么启示?

3. 想一想居里夫人的发现对人类社会发展影响的利弊。

4. 你最崇拜的科学家还有哪些?

三、译一译

大音希声,大道无形,大智之人,不耽于形,不逐于力,不持于技。

四、说一说

本文作者梁衡是我国著名学者、作家,现任人民日报副总编辑。和同学讨论一下梁衡散文的写作风格。

五、读一读

读一读居里夫人的自传,了解居里夫人的生平。

我的四季 ｜ 张 洁

◎ 小试牛刀

"心"字成语大团圆

许多成语中都带有"心"字,你能填出来吗?

( )( )( )心 　　　心( )( )( )

( )( )心( ) 　　　( )心( )( )

( )心( )( ) 　　　( )( )心( )

心( )( )( ) 　　　( )( )( )心

心( )( )( ) 　　　( )( )( )心

( )心( )( ) 　　　( )( )心( )

( )( )心( ) 　　　( )心( )( )

( )( )( )心 　　　心( )( )( )

◎ 开心一刻

老外学汉语

上汉语课时,老师想了解一下近期外国留学生的汉语学习情况,便问:"你们能说出一句成语,来形容一个人很开心很高兴的样子吗?"台下很快出现了"开怀大笑""兴高采烈""手舞足蹈"等答案。老师接着又说:"这个成语里最好含有数字,比如一、二、三、四……"有一位留学生反应很快——"含笑九泉"。

请思考还有哪些形容一个人开心高兴的成语。

◎ 选文 ★

生命如四季。

春天，我在这片土地上，用我细瘦的胳膊，紧扶着我锈钝的犁。深埋在泥土里的树根、石块，磕绊着我的犁头，消耗着我成倍的体力。我汗流浃背，四肢颤抖，恨不得立刻躺倒在那片刚刚开垦的泥土之上。可我懂得，我没有权利逃避在给予我生命的同时所给予的责任。我无须问为什么，也无须想有没有结果。我不应白白地耗费时间，去无尽地感慨生命的艰辛，也不应该自艾自怜命运怎么不济，偏偏给了我这样一块不毛之地。我要做的是咬紧牙关，闷着脑袋，拼却全身的力气，压到我的犁头上去。我绝不企望有谁来代替，因为在这世界上，每人都有一块必得由他自己来耕种的土地。

我怀着希望播种，那希望绝不比任何一个智者的希望更为谦卑。

每天，我望着掩盖着我的种子的那片土地，想象着它将发芽、生长、开花、结果。如一个孕育着生命的母亲，期待着自己将要出生的婴儿。我知道，人要是能够期待，就能够奋力以赴。

夏日，我曾因干旱，站在地头上，焦灼地盼过南来的风，吹来载着雨滴的云朵。那是怎样地望眼欲穿、望眼欲穿呐！盼着、盼着，有风吹过来了，但那阵风强了一点，把那片载着雨滴的云吹了过去，吹到另一片土地上。我恨过，恨我不能一下子跳到天上，死死地揪住那片云，求它给我一滴雨。那是什么样的痴心妄想！我终于明白，这妄想如同想要拔着自己的头发离开大地。于是，我不再妄想，我只能在我赖以生存的这块土地上，寻找泉水。

没有充分地准备，便急促地上路了。经历过的艰辛自不必说它。要说的是找到了水源，才发现没有带上盛它的容器。仅仅是因为过于简单和过于发热的头脑，发生过多少次完全可以避免的惨痛的过失——真的，那并非不能，让人真正痛心的正是并非不能。我顿足，我懊悔，我哭泣，恨不得把自己撕成碎片。有什么用呢？再重新开始吧，这样浅显的经验却需要比别人付出加倍的代价来记取。不应该怨天尤人，会有一个时辰，留给我检点自己！

我眼睁睁地看过，在无情的冰雹下，我那刚刚灌浆^①、远远没有长成的谷穗，在细弱的稻秆上摇摇摆摆地挣扎，却无力挣脱生养它、却又牢牢地锁住它的大地，永远没有尝过成熟是怎么一种滋味，便夭折了。

我曾张开我的双臂，愿将我全身的皮肉，碾成一张大幕，为我的青苗遮挡狂风、暴雨、冰雹……善良过分，就会变成糊涂和愚昧。厄运只能将弱者淘汰，即使为它挡过这次灾难，它也会在另一次灾难里沉没。而强者会留下，继续走完自己的路。

秋天，我和别人一样收获。望着我那干瘪的谷粒，心里有一种又酸又苦的欢乐。但我并不因我的谷粒比别人干瘪便灰心或丧气。我把它们捧在手里，紧紧地贴近心窝，仿佛那是新诞生的一个自我。

富有而善良的邻人，感叹我收获的微少，我却疯人一样地大笑。在这笑声里，我知道我已成熟。我已有了一种特别的量具，它不量谷物只量感受。我的邻人不知和谷物同时收获的还有人生。我已经爱过，恨过，欢笑过，哭泣过，体味过，彻悟过……细细想来，便知晴日多于阴雨，收获多于劳作。只要我认真地活过，无愧地付出过，人们将无权耻笑我是入不敷出的傻瓜，也不必用他的尺度来衡量我值得或是不值得。

到了冬日，那生命的黄昏，难道就没有什么事情好做？只是隔着窗子，看飘落的雪花、落寞的田野？或是数点那光秃的树枝上的寒鸦？不，我还可以在炉子里加上几块木柴，使屋子更加温暖；我将冷静地检点自己：我为什么失败，我做错过什么，我欠过别人什么……但愿只是别人欠我，那最后的日子，便会心安得多！

再没有可能纠正已经成为往事的过错。一个生命不可能再有一次四季。未来的四季将属于另一个新的生命。

但我还是有事情好做，我将把这一切记录下来。人们无聊的时候，不妨读来解闷。怀恨我的人，也可以幸灾乐祸地骂声：活该！聪明的人也许会说这是多余；刻薄的人也许会敷演②出一把利剑，将我一条条地切割。但我相信，多数人将会理解，他们将会公正地判断我曾做过的一切。

在生命的黄昏里，哀叹和寂寞的，将不会是我！

（选自《人民文学》1981 年第 2 期）

注　释

①灌浆：庄稼生长发育的一个阶段。指禾谷类作物开花受精后，茎、叶内的营养物质向正在发育的种子输送并在种子内积存的过程。

②敷演：叙述并发挥。

◎ 学习活动

一、填一填

张洁,1937年出生,辽宁抚顺人。著名女作家。长篇小说(《   》)获第二届茅盾文学奖,曾被译成德、英、法、瑞典等多种文字出版。长篇小说(《   》)获第六届茅盾文学奖。

二、读一读

本文用比喻的手法,将人的一生分为了四季,生动形象,寓意深刻。请有感情地朗读本文,并体会文章的深义。

三、写一写

用下面几个在文中出现过的成语造句。

不毛之地:

望眼欲穿:

痴心妄想:

入不敷出:

四、想一想

1. 文章中写道:"我已有了一种特别的量具,它不量谷物只量感受。"这句话中的"特别的量具"指的是什么?应该如何理解这句话?

2. 作者在文中说"善良过分,就会变成糊涂和愚昧",你同意这样的观点吗?请联系实际,谈谈自己的看法。

3. 在文章的结尾,作者为什么说"在生命的黄昏里,哀叹和寂寞的,将不会是我"?

五、说一说

联系上下文,说说下面句子在文中的含义。

1. 每人都有一块必得由他自己来耕种的土地。

2. 于是,我不再妄想,我只能在我赖以生存的这块土地上,寻找泉水。

六、听一听

1. 聆听羽泉演唱的励志歌曲《奔跑》,体会生命的律动与激情。

2. 聆听姚贝娜演唱的电影《一九四二》主题曲《生命的河》。

3. 聆听汪峰的歌曲《春天里》《怒放的生命》,体会歌者对生命的解读。

最后的常春藤叶 　［美］欧·亨利

◎ 小试牛刀

一义多词

写出与"年龄""去世"相同意思的多个词语。

1. 年龄：

2. 去世：

◎ 开心一刻

点 名

　　有个学生名字叫"马骉矗"。开学点名了，班主任不知怎么念，就说："马叉叉到了没?"语文老师有文学素养，点名道："万马奔腾到了没?"接下来是体育课，体育老师直接问："一群马到了没?"历史老师对这个名字很不感冒，于是点名道："马家的五马分尸来了没有?"数学老师这样点名："马六到了没有?"

类似的字你还能举出几个吗?

◎ 选 文

　　华盛顿广场西面的一个小区，街道仿佛发了狂似的，分成了许多叫做"巷子"的小胡同。这些"巷子"形成许多奇特的角度和曲线。一条街本身往往交叉一两回。有一次，一个艺术家发现这条街有它可贵之处：如果一个商人去收颜料、纸张和画布的账款,在这条街上转弯抹角、大兜圈子的时候,突然碰上一文钱也没收到、空手而回的他自己,那才有意思呢!

因此,搞艺术的人不久都到这个古色古香的格林威治村①来了。他们逛来逛去,寻求朝北的窗户、18世纪的三角墙、荷兰式的阁楼以及租金低廉的房子。接着,他们又从六马路买来了一些锡镴②杯子和一两只烘锅,组成了一个"艺术区"。

苏艾和琼珊在一座矮墩墩的三层砖砌房屋的顶楼设立了她们的画室。"琼珊"是琼娜的昵称。两人一个是从缅因州来的,另一个的家乡是加利福尼亚州。她们是在八马路上一家名叫德尔蒙尼戈的饭馆里吃饭时碰到的,彼此一谈,发现她们对于艺术、饮食、衣着的口味十分相投,结果便联合租下了那个画室。

那是五月间的事。到了十一月,一个冷酷无情、肉眼看不见、医生管他叫"肺炎"的不速之客,在艺术区里蹑手蹑脚③,用他冰冷的手指这儿碰碰那里摸摸。在广场的东面,这个坏家伙明目张胆地走着,每闯一次祸,受害的人总有几十个。但是,在这错综复杂、狭窄而苔藓遍地的"巷子"里,他的脚步却放慢了。

"肺炎先生"并不是你们所谓的扶弱济困的老绅士。一个弱小的女人,已经被加利福尼亚州的西风吹得没有什么血色了,当然经不起那个有着红拳头、气吁吁④的老家伙的赏识。但他竟然打击了琼珊;她躺在那一张油漆过的旧铁床上,一动也不动,望着荷兰式小窗外对面砖屋的墙壁。

一天早晨,那个忙忙碌碌的医生扬扬他那蓬松的灰色眉毛,招呼苏艾到过道上去。

"依我看,她的病只有一成希望。"他说,一面把体温表里的水银甩下去,"那一成希望在于她自己要不要活下去。人们不想活,情愿照顾殡仪馆的生意,这种精神状态使医药一筹莫展⑤。你的这位小姐满肚子以为自己不会好了。她有什么心事吗?"

"她——她希望有一天能去画那不勒斯海湾。"苏艾说。

"画画?——别扯淡了! 她心里有没有值得想两次的事情——比如说,男人?"

"男人?"苏艾像吹小口琴似的哼了一声说,"男人难道值得——别说啦,不,大夫,根本没有那种事。"

"那么,一定是身体虚弱的关系。"医生说,"我一定要尽我所知,用科学所能达到的一切方法来治疗她。可是每逢我的病人开始盘算有多少辆马车送他出殡的时候,我就得把医药的治疗力量减去百分之五十。要是你能使她对冬季大衣的袖子式样发生兴趣,提出一个问题,我就可以保证,她恢复的机会准能从十分之一提高到五分之一。"

医生走后，苏艾到工作室里哭了一场，把一张日本纸餐巾擦得一团糟。然后，她拿起画板，吹着拉格泰姆①音乐调子，昂首阔步走进琼珊房间。

琼珊躺在被窝里，脸朝着窗口，一点儿动静也没有。苏艾以为她睡着了，赶忙不吹口哨。

她架好画板，开始替杂志社画一幅短篇小说的钢笔画插图。青年画家不得不以杂志小说的插图来铺平通向艺术的道路，而这些小说则是青年作家为了铺平文学道路而创作的。

苏艾正为小说里的主角，一个爱达荷州的牛仔，画上一条在马匹展览会上穿的漂亮的马裤和一片单眼镜，忽然听到一个微弱的声音重复了好几遍。她赶紧走到床边。

琼珊的眼睛睁得大大的。她望着窗外，在计数——倒数起来。

"十二，"她说，过了一会儿又说"十一"，接着是"十""九"，再接着是几乎连在一起的"八"和"七"。

苏艾关切地向窗外看去。有什么可数的呢？外面可以看到的只是一个空荡荡、阴沉沉的院子，和二十英尺外的一幢砖砌房屋的墙壁。一株极老极老的常春藤上的叶子差不多全吹落了，只剩下几根几乎是光秃秃的藤枝，依附在那堵松动残缺的砖墙上。

"怎么回事，亲爱的？"苏艾问道。

"六，"琼珊说，声音低得像是耳语，"它们现在掉得快些了。三天前差不多有一百片。数得我头昏眼花。喏，又掉了一片。只剩下五片了。"

"五片什么，亲爱的？告诉你的苏艾。"

"叶子。常春藤上的叶子。等最后一片掉落下来，我也得去了。三天前我就知道了。难道大夫没有告诉你吗？"

"哟，我从来没听过这样荒唐的话。"苏艾装出满不在乎的样子数落她说，"老藤叶同你的病有什么相干？你一向很喜欢那株常春藤，得啦，你这淘气的姑娘。别发傻了。我倒忘了，大夫今天早晨告诉我，你很快康复的机会是——让我想想，他是怎么说的——他说你好的希望是十比一！哟，那几乎跟我们在纽约搭电车或者走过一幢新房子的工地一样，碰到意外的时候很少。现在喝一点儿汤吧。让苏艾继续画画，好卖给编辑先生，换了钱给她的病孩子买点儿红葡萄酒，也买些猪排填填她自己的馋嘴。"

"你不用再买什么酒啦，"琼珊说，仍然凝望着窗外，"又掉了一片。不，我不要喝汤。只剩四片了。我希望在天黑之前看那最后的藤叶飘落下来。那时候我也该去了。"

"琼珊,亲爱的,"苏艾弯下腰对她说,"你能不能答应我,在我画完前别睁开眼睛,别瞧窗外?那些图画我明天得交。我需要光线,不然我早就把窗帘拉下来了。"

"你不能到另一间屋子里去画吗?"琼珊冷冷地问道。

"我要待在这儿,跟你在一起,"苏艾说,"而且我不喜欢你老盯着那些莫名其妙的藤叶。"

"你一画完就告诉我,"琼珊闭上眼睛说,她脸色惨白,静静地躺着,活像一尊倒塌下来的塑像,"因为我要看到那最后的藤叶掉下来。我等得不耐烦了,也想得不耐烦了。我想摆脱一切,像一片可怜的、厌倦的藤叶,悠悠地往下飘,往下飘。"

"你争取睡一会儿。"苏艾说,"我要去把贝尔曼叫上来,替我做那个隐居的老矿工的模特儿。我去不了一分钟。在我回来之前,千万别动。"

老贝尔曼是住在楼下底层的一个画家。年纪六十开外,有一把像是米开朗琪罗⑦的摩西雕像上的胡子,从萨蒂尔⑧似的脑袋上顺着小鬼般的身体卷垂下来。贝尔曼在艺术界是个失意的人。他耍了四十年的画笔,仍同艺术女神隔有相当距离,连她的长袍的边缘都没有摸到。他老是说就要画一幅杰作,可是始终没有动手。除了偶尔涂抹一些商业画或广告画之外,几年都没有画过什么。他替"艺术区"里那些雇不起职业模特儿的青年艺术家充当模特儿,挣几个小钱。他喝杜松子酒⑨总是过量,老是唠唠叨叨地谈着他未来的杰作。此外,他还是个暴躁的小老头子,极端瞧不起别人的温情,却认为自己是保护楼上两个青年艺术家的看家凶狗。

苏艾在楼下那间灯光黯淡的小屋子里找到了酒气扑人的贝尔曼。角落里的画架上绷着一幅空白的画布,它在那儿静候杰作的落笔,已经有二十五年。她把琼珊的想法告诉了他,又说她多么担心,唯恐那个虚弱得像枯叶一般的琼珊抓不住她同世界的微弱联系,真会撒手去世。

老贝尔曼的充血的眼睛老是迎风流泪,他对这种白痴般的想法大不以为然,连讽带刺地咆哮了一阵子。

"什么话!"他嚷道,"难道世界上竟有这种傻子,因为可恶的藤叶落掉而想死?我活了一辈子也没有听说过这种怪事。不,我没有心思替你当那无聊的隐士模特儿。你怎么能让她脑袋里有这种傻念头呢?唉,可怜的小琼珊小姐。"

"她病得很厉害,很虚弱,"苏艾说,"发高烧烧得她疑神疑鬼,满脑子都是稀奇古怪的念头。好吧,贝尔曼先生,既然你不愿意替我当模特儿,我也不勉强了。我认得你这个可恶的老——老贫嘴。"

"你真女人气!"贝尔曼嚷道,"谁说我不愿意来着? 走吧,我跟你一起去。我已经说了半天,愿意为你效劳。天哪! 像琼珊小姐那样好的人实在不应该在这种地方害病。总有一天,我要画一幅杰作,那么我们都可以离开这里啦。天哪! 是啊。"

他们上楼时,琼珊已经睡着了。苏艾把窗帘拉到窗槛上,打手势让贝尔曼到另一间屋子里去。他们在那儿担心地瞥着窗外的常春藤。接着,他们默默无言地对瞅了一会儿。寒雨夹着雪花下个不停。贝尔曼穿着一件蓝色的旧衬衫,坐在一口翻转过来权充岩石的铁锅上,扮作隐居的矿工。

第二天早晨,苏艾睡了一个小时醒来的时候,看见琼珊睁着无神的眼睛,凝视着放下来的绿窗帘。

"把窗帘拉上去,我要看。"她用微弱的声音命令着。

苏艾困倦地照着做了。

可是,看哪! 经过了漫漫长夜的风吹雨打,仍旧有一片常春藤的叶子贴在墙上。它是藤上最后的一片叶子。靠近叶柄的颜色还是深绿的,但那锯齿形的边缘已染上了枯败的黄色,它傲然挂在离地面二十来英尺的一根藤枝上面。

"那是最后的一片叶子。"琼珊说,"我以为它昨夜一定会落掉的。我听到刮风的声音。它今天会脱落的,同时我也要死了。"

"哎呀,哎呀!"苏艾把她困倦的脸庞凑到枕边说,"即使你不为自己着想,也得替我想想啊。我可怎么办呢?"

但是琼珊没有回答。一个准备走上神秘遥远的死亡道路的心灵是全世界最寂寞、最悲凉的了。当她与尘世和友情之间的联系一片片地脱离时,那个玄想①似乎更有力地掌握了她。

那一天总算熬了过去,黄昏时,她们看到墙上那片孤零零的藤叶仍旧依附在茎上。随着夜晚同来的是北风的怒号,雨点不住地打在窗上,从荷兰式的屋檐上倾泻下来。

天色刚明的时候,狠心的琼珊又吩咐把窗帘拉上去。

那片常春藤叶仍在墙上。

琼珊躺着对它看了很久。然后她喊苏艾,苏艾正在煤气炉上搅动给琼珊喝的鸡汤。

"我真是一个坏姑娘,苏艾,"琼珊说,"冥冥中似乎有什么使那片叶子不掉下来,启示了我过去是多么邪恶。不想活下去是个罪恶。现在请你拿些汤来,再弄一点掺葡萄酒的牛奶,再——等一下,先拿一面小镜子给我,用枕头替我垫垫高,我要坐起来看你煮东西。"

一小时后,她说:"苏艾,我希望有朝一日能去那不勒斯湾写生。"

下午,医生来了,他离去时,苏艾找了个借口,跑到过道上。

"好的希望有了五成。"医生抓住苏艾瘦小的、颤抖的手说,"只要好好护理,你会胜利的。现在我得去楼下看看另一个病人。他姓贝尔曼——据我所知,也是搞艺术的,也是肺炎。他上了年纪,身体又弱,病势来得凶猛。他可没有希望了,不过今天还是要把他送进医院,好让他舒服些。"

第二天,医生对苏艾说:"她现在脱离危险了,你赢了。现在只要营养和调理就行了。"

那天下午,苏艾跑到床边,琼珊靠在那儿,心满意足地在织一条毫无用处的深蓝色肩巾。苏艾把她连枕头一把抱住。

"我有些话要告诉你,小东西。"她说,"贝尔曼先生今天在医院去世了。他害肺炎,只病了两天。头天早上,看门人在楼下的房间里发现他痛苦得要命。他的鞋子和衣服都湿透了,冰凉冰凉的。他们想不出,在那种凄风苦雨的夜里,他究竟是到什么地方去的。后来,他们找到了一个还燃着的灯笼,一把从原来的地方挪动过的梯子,还有几支散落的画笔,一块调色板,上面剩有绿色和黄色的颜料,末了——看看窗外,亲爱的,看看墙上最后的一片叶子。你不是觉得纳闷,它为什么在风中不飘不动吗?啊,亲爱的,那是贝尔曼的杰作——那晚最后的一片叶子掉落时,他画在墙上的。"

(选自《欧·亨利短篇小说选》,人民文学出版社2003年版,王仲年译)

注 释

①格林威治村:美国纽约市西区的一个地名,住在这里的多半是作家、艺术家等。

②镴:锡和铅的合金,熔点较低。通常称焊锡,也叫锡镴。

③蹑手蹑脚:形容走路时脚步放得很轻。蹑,放轻。

④气吁吁:形容大声喘气的样子。

⑤一筹莫展:一点办法也想不出。筹,办法,计策。

⑥拉格泰姆:产生于1900年前后美国经济繁荣时期的流行音乐形式之一。因其只注重节奏变化而不注重旋律、情绪欢快而别具一格,故称"拉格泰姆",意思是令人发笑的拍子。

⑦米开朗琪罗:意大利著名画家、雕塑家、建筑师。他在罗马教皇朱利二世的

墓上雕刻了摩西像。摩西传说是犹太人的领袖和民族英雄。

⑧萨蒂尔：希腊神话中半人半兽的森林之神，长着马耳马尾或羊角羊尾。

⑨杜松子酒：是从发酵的谷物浆汁中蒸馏而来的一种烈性酒。因其主要加味物质是杜松子，故称此名。又称金酒、琴酒。

⑩玄想：幻想。

◎ 学习活动

一、填一填

欧·亨利(1862—1910)，(　　　　)国著名短篇小说家，与法国的(　　　　　　)、俄国的(　　　　　)并称为世界三大短篇小说巨匠。他是一位高产作家，一生中留下了一部长篇小说(《　　　　　》)和近三百篇短篇小说。他的短篇小说构思精巧，风格独特，以表现中下层人民的生活、语言幽默、结局出人意料[即(　　　　　)式结尾]而闻名于世。代表作还有(《　　　　　　》)(又叫《贤人的礼物》)(《　　　　　》)(《　　　　　》)等。

二、想一想

1. 小说最震撼人的情节是什么？

2. 贝尔曼是怎样的一个人？

3. 最后一片叶子与琼珊有怎样的关系？

4. 为什么说"最后的常春藤叶"是贝尔曼的杰作？

三、说一说

与同学分享生活中最让你感到温暖的一件事。

四、写一写

为本文写一篇200字左右的故事梗概。

五、读一读

课外阅读欧·亨利的另一篇代表作《麦琪的礼物》，与《最后的常春藤叶》作主题方面的比较。

Chapter Six

第六单元

惜时如金

时间对于我们每一个人来讲，都是如此重要，但只有在缺少或失去的时候才为人所重视；时间是易耗品，并且不可再生，任何人，其时间都是逝者如斯，不舍昼夜；时间是世间最公正的事物，不会因每个人地位、身份、年龄的不同，而钟情于他，或轻慢于他。

正因为如此，古往今来，很多人以过来人的身份写下诸多名言警句，有"劝君莫惜金缕衣，劝君惜取少年时"的教诲，有"盛年不重来，一日难再晨"的感慨，有"一寸光阴一寸金，寸金难买寸光阴"的喟叹，有"流光容易把人抛，红了樱桃，绿了芭蕉"的无奈等等。无一例外，这些内容都是劝告人们，尤其是年轻人，要以惜时如金的态度珍惜时间，充实生活，丰富人生。

同学们，时间如白驹过隙，忽然而已，不会为任何人而驻足停留。惜时如金是一种态度，是一种品格，更是一种觉悟。那就让我们做时间的主人，珍惜现在拥有的一切吧！

古诗二首 | 文 嘉

◎ 小试牛刀

名言仿写

1. 时间是伟大的导师。（伯克）

2. 忘掉今天的人将被明天忘掉。（歌德）

3. 合理安排时间，就等于节约时间。（培根）

4. 放弃时间的人，时间也放弃他。（莎士比亚）

5. 任何节约归根到底是时间的节约。（马克思）

6. 人生天地之间，若白驹过隙，忽然而已。（庄子）

7. 从不浪费时间的人，没有工夫抱怨时间不够。（杰弗逊）

8. 今天应做的事没有做，明天再早也是耽误了。（裴斯泰洛齐）

9. 盛年不重来，一日难再晨。及时当勉励，岁月不待人。（陶渊明）

10. 时间是一个伟大的作者，它会给每个人写出完美的结局来。（卓别林）

以上名人名言哪一句对你的启发最大？ 放下你的手机，仿写一下吧！

◎ 开心一刻

鲁迅珍惜时间的故事

　　鲁迅的成功，有一个重要的秘诀，就是珍惜时间。鲁迅 12 岁在绍兴城读私塾的时候，父亲正患着重病，两个弟弟年纪尚幼，鲁迅不仅经常上当铺、跑药店，还得帮助母亲做家务，为不影响学业，他必须做好精确的时间安排。鲁迅几乎每天都在挤时间。他说：时间，就像海绵里的水，只要你挤，总是有的。鲁迅读书的兴趣十分广

151

泛，又喜欢写作，他对于民间艺术，特别是传说、绘画，也深切爱好；正因为他广泛涉猎，多方面学习，所以时间对他来说，实在非常重要。他一生多病，工作条件和生活环境都不好，但他每天都要工作到深夜才肯罢休。

在鲁迅的眼中，时间就如同生命。他曾说过：美国人说，时间就是金钱。但我想：时间就是性命。倘若无端地空耗别人的时间，其实是无异于谋财害命的。因此，鲁迅最讨厌那些"成天东家跑跑，西家坐坐，说长道短"的人，在他忙于工作的时候，如果有人来找他聊天或闲扯，即使是很要好的朋友，他也会毫不客气地对人家说："唉，你又来了，就没有别的事好做吗？"

你是怎样珍惜时间的？我们今后应该怎样珍惜时间呢？

◎ 选文

今日歌

今日复今日，今日何其少！

今日又不为，此事何时了？

人生百年几今日，今日不为真可惜！

若言姑待明朝至，明朝又有明朝事。

为君聊赋今日诗，努力请从今日始！

明日歌

明日复明日，明日何其多！

日日待明日，万世成蹉跎。

世人皆被明日累，明日无穷老将至。

晨昏滚滚水东流，今古悠悠日西坠。

百年明日能几何？请君听我明日歌。

（选自中国古诗文网）

◎ 学习活动

一、填一填

1. 文嘉(1501—1583),字休承,号文水,明湖广衡山(今江苏苏州)人。明朝四大才子(   )次子。吴门派代表画家。精于鉴古,临古之功也深,工石刻,为明一代之冠,画风传乃父衣钵。惟所闻古人名迹至多,故下笔能脱去习俗,颇不易得。

2. 明朝四大才子一般是指(   )(   )(   )(   )。

二、想一想

世界上最快又最慢,最长又最短,最平凡又最珍贵,最容易被忽视又最令人后悔的东西是什么?

三、背一背

背诵诗文,想想如何珍惜时间,做一个合理支配时间的人?

四、写一写

以"珍惜时间"为主题写一篇短文。

五、读一读

阅读以下短文,回答问题。

时间不是金钱

谢胜瑜

"时间就是金钱"的概念,自古有之。古人云:一寸光阴一寸金。那时,黄金乃是最贵重之物,将其与时间作比,意指时间非常珍贵。"惜时如金",也是同样的道理。"时间不是金钱"的说法,并非否认时间的珍贵,相反,是说时间要比金钱贵重得多。即便在古时,人们也承认,最贵重的黄金也无法与"时间"相比拟,于是,"一寸光阴一寸金"的下半句是:寸金难买寸光阴。

可是,我们身边总有许多年轻人被"时间就是金钱"乱了方阵,甚至乱了一生:有的中学还没读完呢,就被清贫的生活障了眼,嫩手嫩脚地去打工了;有的刚进大学不久呢,就把功课丢在了一边,四处去兼职找事;有的参加工作还没几天呢,心里想着的眼睛盯着的就全是一个月能挣多少钱……

这样误读"时间就是金钱"的人和事见多了,我便想起来一个故事:树林中有一个正在兴奋地锯树的人。"你在干什么?"有人问他。"你看不见吗?"锯树的人不耐烦地回答,"我要锯倒这棵树挣家用。""你看来已筋疲力尽了!"旁人大声说道,"你干了多久了?""五个多小时了,"锯树的人回答说,"我是筋疲力尽了!这是件重活。""嗨,你为什么不停几分钟,把锯磨快?"旁人问,"我可以肯定这样做会使你锯得快些。""时间就是金钱啊,"此人断然说,"你看我忙得够呛,哪有时间磨锯?"

"时间就是金钱",多堂皇的理由!可实际上,人的一生,就像锯树人这五个多小时。有多少人忘了"磨刀不误砍柴工"的劝告,最终像锯树一样被"时间就是金钱"的偏颇和近视所耽误,劳累终生却斩获甚微?

原来,"时间就是金钱"的定义,并非处处适用和人人赞同。至少,在一个人青春年少的时候,不应该急功近利,着急于用大好的时光去兑现成"金钱"。就像并非人人都能按月领"工资"一样,"时间就是金钱"并不适用于那些为未来工作和人生梦想做准备的人,也不能反过来成为"伸手一族"浪费金钱的借口。这便如同生意人为谈判守时如约有必要打的士或开车出门,而学生下课回家却大可不必打的士分秒必争;如同普通人花数十万块钱买一款分秒不差的名表,其实并无多大意义。换句话说,当"时间不是金钱"或者说金钱于你还不是那么值钱的时候,又何必铺张浪费金钱?

时间不是金钱。许多年轻的大学生都说工作不好找,找到了工作工资也不高。这样的时候,我们想没想过把时间用来兑换成其他什么?比如,一个学习机会,一种技能技巧,一只储蓄罐,一段健心操……当你这么想着的时候,时间的定义就适时而且丰富了,比如,时间是练功房,时间是磨刀石,时间是欢乐岛,时间是心情屋……

有道是"厚积薄发",这里的"发",也有发财的"发"哦?!所以,发财勿趁早。<u>青春时光,与其急着把目标定在一个"钱"字上,不如把时间当作百纳包,给时间以更丰富的定义。</u>这样,青春多彩了,人生宽广了,成功和收获也就是迟早的事了。

(选自《让世界看到你》,华东师范大学出版社 2009 年版)

1. 作者为什么说时间不是金钱?

2. 生活中许多人被"时间就是金钱"的偏颇和近视所耽误,忘了"磨刀不误砍柴工"的劝告,联系自己的生活实际举一个实例来证明。

3. 文中第六段说"时间是练功房,时间是磨刀石,时间是欢乐岛,时间是心情屋……"你能依据文意再续写两句吗?

4. 说说你对第七段中画线句子的理解。

5. "时间就是金钱"的概念,自古有之。而作者认为"时间不是金钱",你同意哪种说法?请说明理由。

生命的三分之一 | 邓 拓

◎ 小试牛刀

词语填空

请在括号里填上恰当的词语。

奋不顾身的（　　　　）　　　　断断续续的（　　　　）

依依不舍的（　　　　）　　　　同心协力的（　　　　）

意味深长的（　　　　）　　　　不厌其烦的（　　　　）

举世闻名的（　　　　）　　　　千钧一发的（　　　　）

波澜壮阔的（　　　　）　　　　微波粼粼的（　　　　）

川流不息的（　　　　）　　　　一望无际的（　　　　）

◎ 开心一刻

温水煮青蛙

有人做过一个实验，把青蛙放到一锅热水中，那青蛙遇到剧烈的变化，就会立即跳出来，反应特别快。但是，如果把青蛙放到冷水中去，慢慢给水加温，你就会发现青蛙刚开始会很舒适地在水里游来游去，锅里的水温度在慢慢地上升，它毫不察觉，仍然感到暖洋洋的自得其乐。一旦温度上升到70—80摄氏度时，它觉得有危险，想跳出来，可是已经来不及了。因为它的腿不听使唤，再也跳不起来，最后只得被煮死。这就是温水煮青蛙的故事。

从这个故事中你受到了哪些启发？

◎ 选 文

　　一个人的生命究竟有多大意义，这有什么标准可以衡量吗？提出一个绝对的标准当然很困难；但是，大体上看一个人对待生命的态度是否严肃认真，看他对待劳动、工作等等的态度如何，也就不难对这个人的存在意义做出适当的估计了。

　　古来一切有成就的人，都很严肃地对待自己的生命，当他活着一天，总要尽量多劳动、多工作、多学习，不肯虚度年华，不让时间白白地浪费掉。我国历代的劳动人民以及大政治家、大思想家等等都莫不如此。

　　班固写的《汉书·食货志》上有下面的记载："冬，民既入；妇人同巷，相从夜绩，女工一月得四十五日。"

　　这几句读起来很奇怪，怎么一月能有四十五天呢？再看原文底下颜师古做了注解，他说："一月之中，又得夜半为十五日，共四十五日。"

　　这就很清楚了。原来我国的古人不但比西方各国的人更早地懂得科学地、合理地计算劳动日；而且我们的古人老早就知道对于日班和夜班的计算方法。

　　一个月本来只有三十天，古人把每个夜晚的时间算做半日，就多了十五天。从这个意义上说来，夜晚的时间实际上不就等于生命的三分之一吗？

　　对于这三分之一的生命，不但历代的劳动人民如此重视，而且有许多大政治家也十分重视。班固在《汉书·刑法志》里还写道：

　　"秦始皇躬操文墨，昼断狱，夜理书。"

　　有的人一听说秦始皇就不喜欢他，其实秦始皇毕竟是中国历史上的一个伟大人物，班固对他也还有一些公平的评价。这里写的是秦始皇在夜间看书学习的情形。

　　据刘向的《说苑》所载，春秋战国时有许多国君都很注意学习。如：

　　"晋平公问于师旷曰：吾年七十，欲学恐已暮矣。师旷曰：何不秉烛乎？"

　　在这里，师旷劝七十岁的晋平公点灯夜读，拼命抢时间，争取这三分之一的生命不至于继续浪费，这种精神多么可贵啊！

　　《北史》《吕思礼传》记述这个北周大政治家生平勤学的情形是：

　　"虽务兼军国，而手不释卷。昼理政事，夜即读书，令苍头执烛，烛烬夜有数升。"

　　光是烛灰一夜就有几升之多，可见他夜读何等勤奋了。像这样的例子还有很多。

　　为什么古人对于夜晚的时间都这样重视,不肯轻轻放过呢? 我认为这就是他们对待自己生命的三分之一的严肃认真态度,这正是我们所应该学习的。

　　我之所以想利用夜晚的时间,向读者同志们做这样的谈话,目的也不过是要引起大家注意珍惜这三分之一的生命,使大家在整天的劳动、工作以后,以轻松的心情,领略一些古今有用的知识而已。

(选自《燕山夜话》,北京十月文艺出版社 2011 年版)

学习活动

一、填一填

　　作者邓拓(1912—1966),原名邓子健,笔名(　　　　)等,福建闽侯人。新闻工作者、(　　　　)家、诗人、(　　　　)家。新中国成立后,任《人民日报》社社长兼总编辑。

二、想一想

　　1. 选文要阐明的主要观点是什么?

　　2. 同是出自班固写的《汉书》中的材料,《汉书·食货志》与《汉书·刑法志》中的两则论据材料可以调换顺序吗? 说说你的理由。

三、写一写

　　结合文章内容,试为本文补写一则论据,并作简要说明。

四、读一读

　　阅读以下短文,回答问题。

简单道理

　　从前,有两个饥饿的人得到了一位长者的恩赐:一根鱼竿和一篓鲜活硕大的鱼。其中,一个人要了一篓鱼,另一个人要了一根鱼竿,可是,他们分道扬镳了。

　　得到鱼的人就地用干柴点起篝火煮起了鱼,他狼吞虎咽,还没有品出鲜鱼的肉香,转瞬间,连鱼带汤就被他吃个精光。不久,他便饿死在空空的鱼篓旁。另一个人则提着鱼竿继续忍饥挨饿,一步步艰难地向海边走去。可当他看到不远处那蔚蓝的海洋时,他的最后一点力气也使完了。他也只能眼巴巴地带着无尽的遗憾离开人间。

又有两个饥饿的人,他们同样得到了长者恩赐的一根鱼竿和一篓鱼。只是他们并没有各奔东西,而是商定共同去寻找大海。他们每次只煮一条鱼,经过遥远的跋涉来到海边。从此,两个人开始了捕鱼为生的日子,几年后,他们盖起了房子,有了各自的家庭子女,有了自己建造的渔船,过上了幸福安康的生活。

一个人只顾眼前的利益,得到的终将是短暂的欢愉。一个人目标高远,但也要面对现实的生活。只有把理想和现实结合起来,才有可能成为一个成功的人。一个简单的道理,却能给人意味悠长的启示。

1. 写出下列词语的近义词。

恩赐(　　　　　)　　　　意味悠长(　　　　　　　)

2. 结合短文理解词语。

硕大:

狼吞虎咽:

3. 在文中用"____"标出具体写"一个人只顾眼前的利益,得到的终将是短暂的欢愉"的句子。

4. 文中说:"一个简单的道理,却能给人意味悠长的启示",这个简单的道理是什么?

5. 这篇文章给你怎样的启示?请结合生活实际说说自己的理解。

五、听一听

欣赏罗大佑的歌曲《光阴的故事》,体会光阴的流逝,珍惜求学时光吧!

如何利用时间 | 季羡林

◎ **小试牛刀**

按先后顺序排列下面表示年龄大小的词语。

束发　襁褓　耄耋　总角　始龀　及笄　待年　弱冠　不惑　而立
知命　孩提　花甲　古稀　垂髫　皓首　期颐　初度　豆蔻

◎ **开心一刻**

时间去哪儿了？

有人向老板请一天假,老板推心置腹地说:"你想请一天假,你在向公司要求什么? 一年里有 365 天,一年 52 个星期,你已经每星期休息 2 天,共 104 天,剩下 261 天工作。你每天有 16 小时不工作,去掉 174 天,剩下 87 天。每天你至少花 30 分钟上网,加起来每年 23 天,剩下 64 天。每天午饭时间花掉 1 小时,又用掉 46 天,还有 18 天。通常你每年请 2 天病假,这样你的工作时间只有 16 天。每年有 5 个节假日公司休息不上班,你只干 11 天。每年公司还慷慨地给你 10 天假期,算下来你就工作 1 天,而你还要请这一天假?"

谈谈你是如何对待时间的。

◎ **选 文**

时间就是生命,这是大家都知道的道理。而且时间是一个常数,对谁都一样,谁每天也不会多出一秒半秒。对我们研究学问的人来说,时间尤其珍贵,更要争分夺秒。但是各人的处境不同,对某一些人来说就有一个怎样利用时间的"边角废料"的问题。这个怪名词是我杜撰出来的。时间摸不着看不见,但确实是一个整体,哪里会有什么"边角废料"呢？这只是一个形象的说法。平常我们做工作,如果一整天没有人和事来干扰,你可以从容濡笔①,悠然怡然,再佐以龙井一杯,云烟三支,神情宛如神仙,整个时间都是你的,那就根本不存在什么"边角废料"问题。但是有多少人能有这种神仙福气呢? 鲁钝如不佞②者几十年来就做不到。建国以来,我搞了不知多少社会活动,参加了不知多少会,每天不知有多少人来找,心烦意乱,啼笑皆非。回想"十年浩劫"期间,我成了"不可接触者",除了蹲牛棚外,在家里也是门可罗雀。《罗摩衍那》译文八巨册就是那时候的产物。难道为了读书写文章就非变成一个"不可接触者"或者右派不行吗? 浩劫一过,我又是门庭若市,而且参加各种各样的会,终日马不停蹄。我从前读过马雅可夫斯基的《开会迷》和张天翼的《华威先生》,觉得异常可笑,岂意自己现在就成了那一类人物,岂不大可哀哉! 但是,人在无可奈何的情况下是能够想出办法来的。现在我既然没有完整的时间,就挖空心思利用时间的"边角废料"。在会前、会后,甚至在会中,构思或动笔写文章。有不少会,讲话空话废话居多,传递的信息量却不大,态度欠端,话风不正,哼哼哈哈,不知所云,又佐之以"这个""那个",间之以"唵""啊",白白浪费精力,效果却是很少。在这时候,我往往只用一个耳朵或半个耳朵去听,就能兜住发言的全部信息量,而把剩下的一个耳朵或一个半耳朵全部关闭,把精力集中到脑海里,构思,写文章。当然,在飞机上、火车上、汽车上,甚至自行车上,特别是在步行的时候,我脑海里更是思考不停。这就是我所说的利用时间的"边角废料"。积之既久,养成"恶"习,只要在会场一坐,一闻会味,心花怒放,奇思妙想,联翩飞来;"天才火花",闪烁不停;此时文思如万斛③泉涌,在鼓掌声中,一篇短文即可写成,还耽误不了鼓掌。倘多日不开会,则脑海活动,似将停止,"江郎"仿佛"才尽"。此时我反而期望开会了。这真叫做没有法子。

(选自《季羡林说写作》,中国书店出版社 2007 年版)

注　释

①濡(rú)笔:蘸笔书写或绘画。濡,沾湿,润泽。

②不佞(nìng):指没有才能。旧时用来谦称自己。

③万斛(hú):极言容量之多。古代以十升为一斛,南宋末年改为五斗为一斛。

◎ 学习活动

一、填一填

季羡林(1911—2009),山东临清人,国际著名东方学大师,文学家、语言学家、佛学家、史学家、教育家和社会活动家。主持编纂《神州文化集成》(《   》)等大型丛书。生前曾撰文三辞桂冠:(   )、学界泰斗、国宝。

二、想一想

1. 作者为什么说"时间就是生命"?
2. 文中的"边角废料""那一类人物"是什么意思?
3. 你在时间利用方面遇到的最大问题是什么? 不满意的地方在哪里?

三、说一说

生活是什么? 我们苦苦追寻。从平淡中寻找温暖,从失败中寻找成长,从失意中寻找真诚……也许生活就是这个寻寻觅觅的过程。我们在生活里搜寻到了太多的感动。当我们用最真挚的双手把它们怀抱于胸前时,才发现:自己是世界上最富有的人。所以,我们真该认认真真地生活。怀着感恩的心来品味所有,才是真正在生活的人。(摘自《感恩生活》,作者张晓斌)

说说你最想感谢的人是谁? 为什么?

四、写一写

请给自己写一个一天的时间安排计划,看看落实得怎么样。

五、读一读

课外阅读梁实秋的《谈时间》,谈谈作者对于时间有哪些观点?

谈时间

梁实秋

希腊哲学家 Diogenes 经常睡在一只瓦缸里,有一天,亚历山大皇帝走去看他,以皇帝的惯用口吻问他:"你对我有什么请求吗?"这位玩世不恭的哲人翻了翻白眼,答道:"我请求你走开一点,不要遮住我的阳光。"

这个家喻户晓的小故事,究竟涵义何在,恐怕见仁见智,各有不同的看法。我们通常总是觉得那位哲人视尊荣犹敝屣、富贵如浮云,虽然皇帝驾到,殊无异于等闲之辈,不但对他无所希冀,而且亦不必特别的假以颜色。可是约翰逊博士另有一种看法,他认为应该注意的是那阳光,阳光不是皇帝所能赐予的,所以请求他不要把所不能赐予的夺了过去。这个请求不算奢，却是用意深刻。因此，约翰逊博士由"光阴"悟到"时间"，时间也是虽然极为宝贵，而也是常常被人劫夺的。

"人生不满百"，大致是不错的。当然，老而不死的人，不是没有，不过期颐以上不是一般人所敢奢望的。数十寒暑当中，睡眠去了很大一部分。苏东坡所谓"睡眠去其半"，稍嫌有一点夸张，大约三分之一总是有的。童蒙一段时期，说它是天真未凿也好，说它是昏昧无知也好，反正是浑浑噩噩，不知不觉；及至寿登耄耋，老悖聋瞆，比死人多一口气，也没有多少生趣可言。掐头去尾，人生所余无几。就是这短暂的一生，时间亦不见得能由我们自己支配。约翰逊博士所抱怨的那些不速之客，动辄登门拜访，不管你正在怎样忙碌，他觉得宾至如归，这种情形固然令人啼笑皆非，我觉得究竟不能算是怎样严重的"时间之贼"。他只是在我们的有限的资本上抽取一点捐税而已。我们的时间之大宗的消耗，怕还是要由我们自己负责。

有人说："时间即生命。"也有人说："时间即金钱。"二说均是，因为有人根本认为金银即生命。不过细想一下，有命斯有财，命之不存，财于何有？要钱不要命者，固然实繁有徒，但是舍财不舍命，仍然是较聪明的办法。所以《淮南子》说："圣人不贵尺之璧而重寸之阴，时难得而易失也。"我们幼时，谁没有作过"惜阴说"之类的课艺？可是谁又能趁早体会到时间之"难得而易失"？我小的时候，家里请了一位教师，书房桌上有一座钟，我和我的姊妹常乘教师不注意的时候把时钟往前拨快半个钟头，以便提早放学，后来被老师觉察了，他用朱笔在窗户纸上的太阳阴影划一痕记，作为放学的时刻，这才息了逃学的念头。

时光不断在流转，任谁也不能攀住它停留片刻。"逝者如斯夫，不舍昼夜！"我们每天撕一张日历，日历越来越薄，快要撕完的时候便不免瞿然一惊，惊的是又临岁晚，假使我们把几十册日历装为合订本，那便象征我们全部的生命，我们一页一页地往下扯，该是什么样的滋味呢！"冬天一到，春天还会远吗？"可是你一共能看见几次冬尽春来呢？

不可挽住的就让它去罢！问题在，我们所能掌握的尚未逝去的时间，如何去打发它。梁任公先生最恶闻"消遣"二字，只有活得不耐烦的人才忍心去"杀时间"。他认为一个人要做的事多，时间根本不够用，哪里还有时间可供消遣？不过打发时间的方法，亦人各不同，士各有志。乾隆皇帝下江南，看见运河上舟楫往来，熙熙攘攘，顾问左右："他们都在忙些什么？"和珅侍卫在侧，脱口而出："无非名利二字。"这答案相当正确，我们不可以人废言。不过三代以下唯恐其不好名，大概名利二字当中还是利的成分大些。"人为财死，鸟为食亡。"时间即金钱之说仍属不诬。诗人华

兹华斯有句:

尘世耗用我们的时间太多了,夙兴夜寐,赚钱挥霍,把我们的精力都浪费掉了。

所以有人宁可循迹山林,享受那清风明月,"侣鱼虾而友麋鹿",过那高蹈隐逸的生活。诗人济慈宁愿长时间地守着一株花,看那花苞徐徐展瓣,以为那是人间至乐。嵇康在大树底下扬槌打铁,"浊酒一杯,弹琴一曲";刘伶"止则操卮执觚,动则挈榼提壶",一生中无思无虑其乐陶陶。这又是一种颇不寻常的方式。最彻底的超然例子是《传灯录》所记载的"南泉和尚问陆亘曰:'大夫十二时中作么生?'陆云:'寸丝不挂!'"寸丝不挂即是了无挂碍之谓,"原来无一物,何处惹尘埃?"这境界高超极了,可以说是"以天地为一朝,万期为须臾",根本不发生什么时间问题。

人,诚如波斯诗人莪漠伽耶玛所说,来不知从何处来,去不知向何处去,来时并非本愿,去时亦未征得同意,糊里糊涂地在世间逗留一段时间。在此期间内,我们是以心为形役呢,还是立德立功立言以求不朽呢,还是参究生死直超三界呢?这大主意需要自己拿。

(选自《雅舍小品》,长江文艺出版社 2012 年版)

六、赏一赏

欣赏王铮亮演唱的歌曲《时间都去哪儿了》,感受一下自己的时间都去哪里了!

时间怎么样地行走 ｜ 迟子建

◎ 小试牛刀

看谁读得准

下载（　　）	渲染（　　）	创伤（　　）	亲戚（　　）
投奔（　　）	蹊跷（　　）	纤夫（　　）	翘首（　　）
洁癖（　　）	压轴（　　）	吞噬（　　）	挑剔（　　）
熬菜（　　）	秘鲁（　　）	字帖（　　）	徇私（　　）
惩罚（　　）	炽热（　　）	笨拙（　　）	连累（　　）
逮捕（　　）	掂量（　　）	钥匙（　　）	汤匙（　　）
友谊（　　）	绩效（　　）	强迫（　　）	华山（　　）
嫉妒（　　）	龟裂（　　）	泯灭（　　）	拘泥（　　）
昵称（　　）	宁可（　　）	奇葩（　　）	卓识（　　）

◎ 开心一刻

愉 快

一位十几岁的少年去拜访一位年老的智者。

少年问："我如何能变成一个自己愉快、也能够给别人带来愉快的人呢？"

智者笑了，望着他说："孩子，在你这个年龄有这样的愿望，已经是很难得了。很多比你年长很多的人，从他们问的问题可以看出，不管给他们多少解释，都不可能让他们明白真正重要的道理，就只好让他们那样好了。"

少年虔诚地听着，脸上没有流露出丝毫得意之色。

智者接着说:"我送你四句话。第一句话是,把自己当成别人。你能说说这句话的含义吗?"少年回答说:"是不是说,在我感到痛苦忧伤的时候,就把自己当成别人,这样痛苦就自然减轻了;当我欣喜若狂时,把自己当成别人,那狂喜也就变得平和一些?"

智者微微点头,接着说:"第二句话,把别人当成自己。"少年沉思了一会,说:"这样就可以真正同情别人的不幸,理解别人的需求,并且在别人需要的时候给予恰当的帮助。"

智者两眼发光,继续说道:"第三句话,把别人当成别人。"少年说:"这句话的意思是不是说,要充分地尊重每个人的独立性,在任何情形下都不可侵犯他人的核心领地?"智者哈哈大笑:"很好,很好,孺子可教也!第四句话是,把自己当成自己。这句话理解起来太难了,留着你以后慢慢品味吧。"少年说:"这句话的含义,我是一时体会不出。但这四句话之间有许多自相矛盾之处,我用什么才能把它们统一起来呢?"

智者说:"很简单,用一生的时间和经历。"少年沉默了很久,然后叩首告别。

后来少年变成了中年人,又变成了老人。再后来在他离开这个世界很久以后,人们都还时时提到他的名字。人们都说他是一位智者,因为他是一个愉快的人,而且也给每个见到过他的人带来了愉快。

如果你是这位少年,你如何理解"智者"的这四句话?

◎ 选 文

时间是一条河,不要坐在它的岸边,看它流逝。

——题记

墙上的挂钟,曾是我童年最爱看的一道风景。我对它有一种说不出的崇拜,因为它掌管着时间,我们的作息似乎都受着它的支配。我觉得左右摇摆的钟摆就是一张可以对所有人发号施令的嘴,它说什么,我们就得乖乖地听。到了指定的时间,我们得起床上学,我们得做课间操,我们得被父母吆喝着去睡觉。虽然说有的时候我们还没睡够不想起床,我们在户外的月光下还没有戏耍够不想回屋睡觉,都必须因为时间的关系而听从父母的吩咐。他们理直气壮呵斥我们的话与挂钟息息相关:"都几点了,还不起床!"要么就是:"都几点了,还在外面疯玩,快睡觉去!"这时候,我觉得挂钟就是一个拿着烟袋锅磕着我们脑门的狠心的老头,又凶又倔,真想把它给掀翻在地,让它永远不能再行走。

我那时天真地以为时间是被一双神秘大手给放在挂钟里的,从来不认为那是机械的产物。它每时每刻地行走着,走得不慌不忙,气定神凝。它不会因为贪恋窗外鸟语花香的美景而放慢脚步,也不会因为北风肆虐、大雪纷飞而加快脚步。它的脚,是世界上最能经得起诱惑的脚,从来都是循着固定的轨迹行走。我喜欢听它前行的声音,总是一个节奏,好像一首温馨的摇篮曲。时间藏在挂钟里,与我们一同经历着风霜雨雪、潮涨潮落。

后来,生活变得丰富多彩了,时间栖息的地方就多了。项链坠可以隐藏着时间,让时间和心脏一起跳动;台历上镶嵌着时间,时间和日子交相辉映;玩具里放置着时间,时间就有了几分游戏的成分;至于计算机和手提电话,只要我们一打开它们,率先映入眼帘的就有时间。时间如繁星一样到处闪烁着,它越来越多,也就越来越显得匆匆了。

十几年前的一天,我在北京第一次发现了时间的痕迹。我在梳头时发现了一根白发,它在清晨的曙光中像一道明丽的雪线一样刺痛我的眼睛。我知道时间其实一直悄悄地躲在我的头发里行走,只不过它这一次露出了痕迹而已。我还看见,时间在母亲的口腔里行走,她的牙齿脱落得越来越多。我明白时间让花朵绽放出的时候,也会让人的眼角绽放出花朵——鱼尾纹。时间让一棵青春的小树越来越枝繁叶茂,让车轮的辐条越来越沾染上锈迹,让一座老屋逐渐地驼了背。时间还会变戏法,它能让一个活生生的人在瞬间消失在他们曾为之辛勤劳作着的土地上,我的祖父、外祖父和父亲,就让时间给无声地接走了,再也看不到他们的脚印,只能在清冷的梦中见到他们依稀的身影。他们不在了,可时间还在,它总是持之以恒、激情澎湃地行走着——在我们看不到的角落,在我们不经意走过的地方,在日月星辰中,在梦中。

我终于明白挂钟上的时间和手表里的时间只是时间的一个表象而已,它存在于更丰富的日常生活中——在涨了又枯的河流中,在小孩子戏耍的笑声中,在花开花落中,在候鸟的一次次迁徙中,在我们岁岁不同的脸庞中,在桌子椅子不断增添的新的划痕中,在一个人的声音由清脆而变得沙哑的过程中,在一场接着一场去了又来的寒冷和飞雪中。只要我们在行走,时间就会行走。我们和时间是一对伴侣,相依相偎着,不朽的它会在我们不知不觉间,引领着我们一直走到地老天荒。

(选自《迟子建散文》,浙江文艺出版社 2009 年版)

◎ 学习活动

一、填一填

　　迟子建,1964 年出生,黑龙江人,当代著名作家。主要作品有长篇小说《树下》《晨钟响彻黄昏》《伪满洲国》《越过云层的晴朗》《额尔古纳河右岸》,中短篇小说集《北极村童话》《白雪的墓园》《向着白夜旅行》等。(《　　　　》)获第一届鲁迅文学奖,《清水洗尘》获第二届鲁迅文学奖,长篇小说(《　　　　》)获第七届茅盾文学奖。散文(《　　　　　》)获第三届冰心散文奖。

二、想一想

　　1. 怎样理解"它在清晨的曙光中像一道明丽的雪线一样刺痛我的眼睛"在文中的含义?

　　2. 文章是围绕人的成长与对时间的感受来展开的,请梳理作者的思路。

　　3. 文章描绘了"时间"的各种行走方式,请简要概括。

　　4. 文章写到不朽的时间"会在我们不知不觉间,引领着我们一直走到地老天荒"。请根据文意简要分析作者对"人"和"时间"关系的观点和态度。

三、读一读

　　阅读以下短文,回答问题。

时　间

吕　游

　　我站在一棵古老的大树下,轻轻抚摸着它苍老的树干:树纹一道又一道,盘根错节,有的地方隆起,有的地方凹陷,如拧着根根粗大的钢筋,缠满了树的全身——这都是时间刻在上面的。在这一道道深深浅浅的树皱纹里,我仿佛触摸到了时间的脚印,看到了时间运行的轨迹,读到了树的历史、时间的历史。

　　几个世纪之前,不知在哪一年哪一月哪一天,不知那天是阴是晴是风是雨,一棵小小的树苗被栽在了这里,栽它的主人姓谁名何已无从考证。时间的阳光雨露,时间的肥沃土壤,已经把这棵小小的树苗变成了今天遮天蔽日、身高十余丈的参天大树,如同一位巨人矗立于天地之间。树上每一根伸向天空的树枝,仿佛都是时间的凝固;树上每一片墨绿色的叶子,仿佛都挂满了时间。

　　站在这棵大树下,我凝思良久,忽然生发出这样的感慨:一棵小小的树苗长成参天大树,除其他许多因素外,能离得了时间吗? 没有时间的沉淀,它只用一秒钟或一分钟能长成参天大树吗? 其实,在当初种下这棵树的同时,也种下了时间,是时间使它成为参天大树的。正如没有上亿年的时间,地球上就不可能有任何生命一样,没有时间,它再努力,自身再强壮也只能是一事无成——这就是时间的魔力。

　　这时,我又忽然想到:时间是神奇无边的。可是它再神奇再有魔力,给它几十年几百年直至几千年,它能使眼前的这棵参天大树缩回至当初那棵小小的幼苗吗?

　　我轻轻搂抱着这粗大的树干,如同搂抱着厚厚的时间。树太粗了,我根本搂不过来,正如我搂不住这无穷无尽的时间。我们可以拥抱现在的时间,我们可以期待未来的时间,可我们能与过去的时间相会吗?

　　我又望了望远方:花蕾终会开出鲜花,鲜花能变回花蕾吗? 黄河可流向大海,大海能流回黄河吗? 少女可变成老妇,老妇能变成少女吗? 幼儿能长成大人,大人能返老还童吗? 恐龙已成为化石,化石能变成恐龙吗? 流星已化作陨石,陨石能重上天空再闪烁出星光吗? 唐宋已逝千百年,我们还能再回到唐诗宋词里去,与李白、苏东坡一起饮酒碰杯作诗赋词吗?

　　这就是最让人感慨、最让人无奈、最让人悲哀的时间!

　　时间不可预测、从无草稿、难以回放、无法修改、不能重来、永世难逢,全是一次性的。这一年永远不是那一年,这一月永远见不着下一月,这一周永远是唯一,这一天永远是最后一天,这一早晨过去了永远不会再有这一个早晨,就连这每一刻、每一分、每一秒其实都凝聚着某种永恒。

　　我弯腰捡起一片躺在地上静静睡着的树叶,轻轻捧在手上仔细端详,仿佛手里捏着一段遥远的岁月,不,那是一段稍纵即逝的时间。

(选自《读者》2007 年第 21 期)

　　1. "我们可以拥抱现在的时间,我们可以期待未来的时间,可我们能与过去的时间相会吗?"谈谈你对这句话的理解。

　　2. 我们学过哪些关于时间的故事和谚语? 试着写两句。

　　3. 摘抄文中你最喜欢的一句话,并谈谈原因。

　　4. "这就是最让人感慨、最让人无奈、最让人悲哀的时间!"时间也一定有让你或感慨、或无奈、或悲哀的时候,写写你的感受。(100 字以内)

时间角 | 林清玄

◎ **小试牛刀**

酒的雅称

我国酿酒历史悠久,酒的品种繁多,自产生之日开始,就受到先民欢迎。人们在饮酒赞酒的时候,总要给所饮的酒起个饶有风趣的雅号或别名。这些名字,大都由一些典故演绎而成,或者根据酒的味道、颜色、功能、作用、浓淡及酿造方法等等而定。酒的很多雅号在民间流传甚广,所以它们在诗词、小说中常被用作酒的代名词。这也是中国酒文化的一个特色。

试着说出一些名酒的名称,如:杜康、白堕等。

◎ **开心一刻**

梁启超妙联巧对张之洞

清朝后期,梁启超到广州拜见两广总督张之洞。当时,张之洞在清政府中是一个举足轻重的人物。梁启超锐意改良,想力挽清王朝颓势,对张之洞寄予极大的希望。梁启超到广州后,张之洞差人将一上联送于梁启超。联文是:"披一品衣,抱九仙骨,狂生无礼称愚弟。"

这上联狂傲无礼,且拒人千里之外。梁启超气度不凡,坦然对了下联,请来人回送给张之洞:"行千里路,读万卷书,侠士有志傲王侯。"

对答不卑不亢,有理有据,文字高雅,气势慑人。张之洞一看,马上出衙迎接,大有相见恨晚之意。

后来,张之洞调任湖广总督,名气更大,傲气也更盛。一次,梁启超到江夏拜访他，张之洞又出联求对："四水江第一，四时夏第二，先生居江夏，谁是第一，谁是第二？"

上联既包含四水（指古代江、河、淮、济四水），长江排首位，又总括春夏秋冬四季，而夏排第二。接着，提出了"谁是第一，谁是第二"这样难以回答的问题。

才思敏捷的梁启超，略加思索，巧妙地答出下联："三教儒在先，三才人在后，小子本儒人，何敢在先，何敢在后。"

张之洞吟读再三，不禁赞叹道："此书生真乃天下奇才也！"

梁启超所对的下联非比寻常。他以自己的身份"儒人"拆开，古代儒、佛、道三教中，以儒为首，在天、地、人三才中，则以人居末位。梁启超以"何敢在先，何敢在后"巧对"谁是第一，谁是第二？"含意深远，既挫了对方的傲气，又不失宾主之礼，难怪张才洞为之叹服不已。

在古诗中，很多诗句同时也是很好的对联，你能说出几句来吗？

◎ 选 文 ★

有一位严格的老师，总是给学生出许多功课和习作，比起隔壁的班级，几乎有数倍之多。学生大喊吃不消，向老师抗议："老师出了这么多功课，我们的时间根本就不够用。"

"我们根本就没有时间！"有的学生说。

老师找来一个大箱子，叫学生："去搬一些大石头，把箱子装满。"

学生齐心合力，很快就用石头装满了箱子，老师说："现在这个箱子被大石头装满了，去找一些小石头来填满它的空隙！"

学生找来一些小石头，缝隙中竟又塞进许多小石头。

老师说："现在箱子似乎完全满了，再去找一些沙子来填！"

学生又找来细沙，把箱子填得毫无缝隙，那被石头塞满的箱子，又加进几大碗的细沙。

老师说："还能加东西进箱子吗？"

学生说："老师！箱子已经完全满了！"

老师拿来一盆水，竟然整盆都倒进了大箱里。

老师说："看吧！如果我们的心像大石头，粗略地看，很容易就满。如果我们的心像小石子，还可以找出许多缝隙。如果我们的心如细沙，又能创造许多空间。如果我们的心柔如流水，细沙间还有流动之地。时间也是这样，只要善加利用，总能找得到空闲。"

俟女的小孩去参加一个英语补习课程,教师是美国人,素以严格知名,课程接近魔鬼训练。八九岁的小孩子,听、说、读、写样样来,功课特别多,一星期写的作业就像一本书那么厚。拼命写还写不完,可以在一星期内补写;如果不能写完,马上会被老师开除,老师的说法是:"为了学好英文,你一定可以找到时间,如果找不到时间,我也无能为力。"

两年下来,二十几位学生,开除了二十位,只剩下七个能在箱中加水的学生继续学习。俟女说:"以前看他每星期写厚厚一本作业,都会心疼不已,我以前在美国念硕士,学英文时也没有被逼得这么可怕。现在孩子习惯了,写完厚厚一本还有时间玩,才知道时间真是自己找出来的。"

今年暑假,俟女带儿女到美国,发现孩子的英文水平真的大有进步,内心感到非常宽慰。

何止是学习英文呢,我们每天的时间不也是这样吗?上班是大石头,很快塞满我们的箱子;睡觉、看电视是小石头,将箱子塞得更满了。如果我们不用心,根本就找不出时间与朋友相聚、与妻子谈心、与儿女沟通、向父母问候……在石头与石头的缝中,我深信每个人都还可以找到沙子与流水存放的位置。

我们的人生,总共不过几十年的时间,如果在每天醒着的时候,能在缝隙中创造一小时,让我们把这一小时奉献给伟大的思想、真正的爱情、持久的承诺等等有价值的生活和感情,那我们的箱子里就不会只装着粗粝的石头。

在人人公平的时间之一角,我们可以看地上的泥巴,也可以看天上的星星;我们可以抱怨没有时间,让生命空过,也可以尽量找出时间,栽种新的玫瑰。

生命的结构很简单,存在于每天每一小时之中,当我找到一小时去做更有意义的事,我就会有更丰富的生命。

我每天都有一只箱子,箱子是我唯一的财产,我多么希望有一些角落,可以装更多的东西。

(选自《青年博览》2007 年第 4 期,有删改)

学习活动

一、填一填

林清玄,1953 年出生,笔名秦情、林漓、林大悲等,台湾高雄人。他是台湾作家中最高产的一位,也是获得各类文学奖最多的一位。1979 年起连续七次获台湾(《   》)文学奖、散文优秀奖和报导文学优等奖、台湾报纸副刊专栏金鼎奖等。其散文文笔流畅清新,表现了醇厚、浪漫的情感,在平易中有着感人的力量。

二、想一想

怎样理解文中的箱子、大石头、小石头、沙子?

三、读一读

阅读以下短文,回答问题。

光 阴

赵丽宏

谁也无法描绘出他的面目。但世界上处处都能听到他的脚步。

当旭日驱散夜的残幕时,当夕阳被朦胧的地平线吞噬时,他不慌不忙地走着,光明和黑暗都无法改变他行进的节奏。

当蓓蕾在春风中灿然绽开湿润的花瓣时,当婴儿在产房里以响亮的哭声向人世报到时,他悄无声息地走着,欢笑不能挽留他的脚步。

当枯黄的树叶在寒风中飘飘坠落时,当垂危的老人以留恋的目光扫视周围的天地时,他还是沉着而又默然地走,叹息也不能使他停步。

他从你的手指缝里流过去。

从你的脚底下滑过去。

从你的视野和你的思想里飞过去……

他是一把神奇而又无情的雕刻刀,在天地之间创造着种种奇迹,他能把巨石分裂成尘土,把幼苗雕成大树,把荒漠变成城市和园林,当然,他也能使繁华之都衰败成荒凉的废墟,使锃亮的金属爬满绿锈、失去光泽。老人额头的皱纹是他刻出来的,少女脸上的红晕也是他描绘出来的。生命的繁衍和世界的运动正是由他精心指挥着。

他按时撕下一张又一张日历,把将来变成现在,把现在变成过去,把过去变成越来越遥远的历史。

他慷慨。你不必乞求,属于你的,他总是如数奉献。

他公正。不管你权重如山、腰缠万贯,还是一个布衣、两袖清风,他都一视同

173

仁。没有人能将他占为已有,哪怕你一掷千金,他也决不会因此而施舍一分一秒。

你珍重他,他便在你的身后长出绿阴,结出沉甸甸的果实。

你漠视他,他就化成轻烟,消散得无影无踪。

有时,短暂的一瞬会成为永恒,这是因为他把脚印深深地留在了人们心里。

有时,漫长的岁月会成为一瞬,这是因为浓雾和风沙湮没了他的脚印。

（选自《小鸟,你飞向何方》,福建少年儿童出版社2012年版）

1. 作者写这篇文章的主旨是什么?

2. 文中画横线的句子运用了什么修辞手法?有何作用?

3. 综观全文,说说光阴有哪些特性。

4. 理解下列句子的含义。

你珍重他,他便在你的身后长出绿阴,结出沉甸甸的果实。

5. 读了这篇文章,你一定有些感想,简要写出来。

图书在版编目（CIP）数据

语文. 第一册/李桂萍等主编. —济南：山东人民
出版社，2015.7（2019.8重印）
ISBN 978 - 7 - 209 - 08955 - 5

Ⅰ．①语… Ⅱ．①李… Ⅲ．①大学语文课 - 高等职业
教育 - 教材 Ⅳ．①H19

中国版本图书馆 CIP 数据核字（2015）第 163621 号

语文（第一册）

李桂萍　孙月华　于俊英　董　君　主编

主管单位　山东出版传媒股份有限公司
出版发行　山东人民出版社
社　　址　济南市英雄山路 165 号
邮　　编　250002
电　　话　总编室（0531）82098914
　　　　　市场部（0531）82098027
网　　址　http://www.sd-book.com.cn
印　　装　山东华立印务有限公司
经　　销　新华书店

规　　格　16 开（184mm ×260mm）
印　　张　11.25
字　　数　240 千字
版　　次　2015 年 7 月第 1 版
印　　次　2019 年 8 月第 5 次
ISBN 978 - 7 - 209 - 08955 - 5
定　　价　25.80 元
　　　　　如有质量问题，请与出版社总编室调换。